U0895527

HOW TO HAVE CONFIDENCE AND POWER IN DEALING WITH PEOPLE

LES GIBLIN

自信而高效的沟通

[美] 莱斯 · 吉卜林 著　郑世彦 译

果麦文化 出品

献给我的妻子格雷琴和母亲伊丽莎白

目 录

PART 4 有效的说话技巧助你成功

PART 5 如何有效地与他人协作

PART 6 你的职场全科人际指南

序 言
与人性合作，而非对抗

老实说，我们确实希望从别人那里得到一些东西。我们想要别人的善意和友谊，想要得到他们的接受和承认。

商人想从别人那里得到生意。丈夫和妻子需要彼此的爱和感情。父母需要孩子服从。孩子需要父母给予的安全感和爱。推销员想要对方在合同上签字。老板需要员工的忠诚和合作。员工希望自己的工作得到称赞和认可。

每一个普通人都想获得成功和幸福。而你有没有考虑过这个事实：我们所享受的任何真正的成功和幸福，别人都在其中扮演了重要的角色？在很大程度上，我们正是通过与别人打交道而获得成功的。不管你对幸福的定义是什么，只要稍加思考，你就会相信，自己的幸福在很大程度上取决于你与别人的关系。

● 为什么不去追求你想要的

我们不必为自己需要别人提供的东西而道歉，也不必为自己想要与别人成功地交往而道歉。

相反，我们要在这本书中好好讨论，开诚布公地谈谈如何从别人那里得到你想要的东西。

我并没有提出任何关于人们应该如何行动的盲目乐观的理论，也没有介绍任何通过压抑自己的欲望来与别人相处的把戏或花招。

相反，我想在这本书中告诉你一些关于人类如何行动和反应的准则，以及你如何用这些准则来得到自己想要的东西，无论是老板的加薪、客户的订单，还是新邻居的善意。

人们常说："知识就是力量。"了解关于人类本性的知识（并不像理论家所说的那样），可以帮助你从别人那里得到自己想要的东西。

这本书中提出的方法，并不是我凭空想象出来的玄妙理论，而是来自我在"人际关系诊所"主题课程中通过多年工作积累、经过检验的方法和技巧，它们在成千上万人的生活中被证明是有用的。

这些方法可能会颠覆一些流行的观点。

但它们确实有一个优势，那就是行之有效。

● 我们可以创造共赢

成千上万的人都知道，他们想从别人那里得到一些东西，但是又不敢大胆去追求这些东西，他们害怕满足自己的欲望就是自私自利。他们本能地感觉到，为自己争取成功和幸福，必然会剥夺别人的某种成功或幸福。

让我们直截了当地说：成功的人际关系意味着，你从别人那里得到想要的东西，作为回报，你也给予别人他所想要的东西。除此之外，没有任何其他与人成功交往的方法。如果一个人肆无忌惮地从别人那里得到他想要的东西，而不给予回报，那么他也不需要一本关于人际关系的书了。

本书是为这样的广大读者而写的，他们想要掌握与人相处的艺术，既能从别人那里得到他们想要的东西，同时又能让别人感到高兴。

● 与人交往的三种基本方式

没有人可以完全地自给自足。我们每个人都需要别人提供的东西，而你身上也有别人所需要的东西。我们与别人的一切交往，都是以这些需要为基础的。与人交往的基本方式只有三种：

1. 你可以靠武力、威胁、恐吓的方式，从别人那里得到你想要的东西。虽然罪犯的行为无疑就属于这一类，但也有些人是在使用这种方式。

2. 与人交往时，你也可以做一个“乞丐”，乞求别人给你所想要的东西。当这种顺从型的人和别人做了一笔交易：“我不会以任何方式维护自己，也不会给你带来任何麻烦，作为回报，你也要善待我。”

3. 你还可以在公平交换和互利互惠的基础上，与别人进行交易。你给别人奉上他们想要和需要的东西，作为回报，他们必然会为你提供你所需要的东西。

● 如何利用我们的隐形资产

在这本书中，你找不到任何关于上面提到的前两种方法的资料。相反，你将学习那些经过检验的方法——让你通过给予别人他们想要的东西，来得到自己想要的。

现在，你身上就有很多别人想要的东西。把这些东西提供给别人，他们会高兴地回报给你成功和幸福。也许你从未充分意识到，你拥有别人渴望得到的宝贵资产。我将在这本书中跟你谈谈这些资产。

● 你可以得到自己想要的，同时也可以帮助别人

多年来，我们一直认为，如果我们试图满足自己对成功和幸福的欲望，就必然会剥夺别人满足自己欲望的权利。但是，所有的证据都表明，我们可以实现双赢。

一个快乐的人比一个不快乐的人，更有可能传播快乐。一个成功的人比一个失意的人，更有可能使与之交往的人受益。一个合理地满足了自己欲望的人，在考虑别人的欲望时，要比一个追求欲望却屡屡受挫的人慷慨得多、体贴得多。

心理学家、犯罪学家、牧师甚至医生都告诉我们，这个世界上大多数的麻烦和痛苦，都是由不快乐的人引起的。他们告诉我们，让自己痛苦和沮丧，就是你所能给别人带来的最大的伤害。

● 成功人际关系的关键

成功人际关系的真正关键，是尽可能多地了解人性，而不是我们想当然地认为它是什么样子。我们只有理解了与自己打交道的对象，才能成功地与之相处。

所以，让我们来看看人性，看看别人真正想要的是什么。让我们在这本书中讨论一下，想出一些方法来满足这些需求和欲望。让我们学会如何与人性合作，而不是与之对抗。

也许我们会认识到，世界上最大的麻烦不是因为人们生下来就很难搞，而是我们忽视了自己所交往的人在某种需求上的“饥饿感”。你可能会惊喜地发现，人类的本性真的不需要掩饰，也不需要理想化，因为造物主创造我们的时候，他肯定知道自己在做什么 —— 毕竟他是按照自己的样子来造人的。

每当我听到有人抨击人性，把自己的麻烦归咎于人类受到了诅咒时，我就会想起印第安纳州韦恩堡市沃尔夫·德索尔公司的人事总监哈里·马特尔斯基（Harry Matelski）说过的话：

“你有没有注意到，一个平庸的打字员很可能对打字机表示不满；一个拙劣的高尔夫球手，总是把糟糕的击球归咎于他可怜的高尔夫球杆。你还会发现，在人际关系方面没有什么技巧的人，总是在咒骂人性，把自己所有的烦恼都归咎于别人脾气暴躁。”

● 如何在与人交往时拥有自信和力量

这本书的真正目的，就是教你如何在与人打交道时拥有自信和力量。

许多人在与人交往时缺乏自信，一个重要的原因是他们不了解自己正在交往的对象。当我们面对未知的事物时，我们总是对自己缺乏信心。看一名机械师试图修理一辆他不了解的汽车的发动机，他总是犹豫不决，每一个动作都显示出他缺乏信心。再看一位熟练的机械师，他了解自己正在修理的汽车，他的一举一动都流露出自信。这个道理适用于我们正在面对的任何情况。我们越是了解对方，与其打交道时就越有信心。

仅仅记住一些人际关系的"准则"，把它们当作一种手段或花招，并不会给你带来与人交往的信心。但是，理解人性和人类行为背后的基本原理，却可以给你带来自信。一旦你理解了为什么人们会那样做，你就会自然而然地发现，自己在与他们交往时有了更多的信心。

除了对人性的理解，本书还会教给你应用这一知识的明确方法。你将获得经过检验的技巧，来实践你所了解的关于人性的知识。这些经过检验的技巧曾帮助过成千上万的人，它们对你也同样有效。一旦开始实践这些知识，你就会发现，自己在与人交往时拥有了一种新的力量。

现在，让我们进入正题吧！

PART 1
从了解人性中受益

Chap.1
影响别人是门艺术

我们每个人都想从生活中得到两样东西：成功和幸福。

尽管人与人之间千差万别，关于成功的定义也因人而异，但如果我们想得到成功和幸福的话，就必须学会处理一个重要的因素。无论你是律师、医生、商人、推销员、父母、售货员、家庭主妇，还是其他什么人，这个重要的因素都是一样的。

所有的成功和幸福都涉及一个重要因素，那就是**他人**。

各种科学研究已经证明，如果你学会了如何与别人相处，那么你在任何职业的道路上就已获得了85% 的成功，而在个人幸福的道路上已经获得了99% 的成功。

与人相处要讲究方法

仅仅与人相处，而不讲究方法，既不能保证成功，也不能保证幸福。

生活中的胆小鬼自以为学会了如何与人“和睦”相处，想以此避免麻烦。但其实，那些羞怯、退缩和顺从的人所学会的与人相处的方法，就是让别人任意欺负自己。

另一个极端则是那些暴虐的、独断的人，他们也找到了一种与人相处的方法：他们攻击所有的反对派，把别人踩在脚下，然后继续虐待他们。

我们不需要更多关于如何与人相处的知识，因为每个人在这方面都形成了自己的认知体系。即使是神经症患者，也有自己独特的方式。心理学家告诉我们，神经症本身可以被定义为一种反应模式，神经症患者即通过这种模式与人相处。

重要的是，要有一种与人相处或交往的正确方法，这种方法将给我们带来个人的满足，同时又不会不尊重我们的交往对象。人际关系是一门科学，它教会我们如何与人相处，使我们的个性和对方的个性都能保持完整。这是我们与人相处的唯一方法，它能够带来真正的成功和真正的满足。

● 90%的人在生活中失败的原因

美国卡耐基理工学院[1]的研究人员对1万人的生活记录进行了分析，得出以下结论：15% 的人的成功取决于技术训练、智慧和工作能力；而85% 的人的成功取决于个性因素，取决于与人和谐相处的能力！

哈佛大学职业指导中心对数千名被解雇者进行了研究，他们发现了这样的比例：每当有一个人因不能完成工作被炒鱿鱼，就有两个人因为不能与人和谐相处而遭到解雇。

在著名心理学家阿尔伯特·威加姆（Albert E. Wiggam）博士的一项研究中，这一比例甚至更高。这个结论以“探索心智”专栏为名，同时发表在多家报刊上：在过去一年间失业的4000人中，只有10%（也就是400人）是因为不能完成工作而失业的；而90%（即3600人）是因为他们无法与人融洽相处而出局了！

成功和幸福来自哪里

看看你的周围，你认识的最成功的人，是那些最有头

① 今卡耐基·梅隆大学的前身。——译者注（本书脚注均为译者所加，后文不再标示）

脑、最有技能的人吗?

那些从生活中得到最多幸福和乐趣的人，比你认识的其他人更聪明吗?

如果停下来想一想，你很可能会发现，你认识的那些最成功、最会享受生活的人，是那些“有办法”与别人相处的人。

● 你的个性问题就是你的人际问题

今天，有数以百万计的人在社交场合感到不自在、害羞、胆怯、不安，他们感到自卑，却从来没有意识到自己真正的问题是人际关系问题。他们似乎从来没有意识到，自己的问题实际上是没有学会如何与人和谐相处。

几乎有同样数量的人，似乎与那些害羞、内向的人截然相反，至少从表面上看是这样。他们似乎很自信，他们“专横霸道”，支配着自己所在的任何社会群体，无论是家庭、办公室还是俱乐部。然而，他们也意识到自己失去了一些东西。

这些人感到奇怪，为什么自己的员工或家人不欣赏自己，为什么别人不愿意跟自己合作，为什么必须不断地强迫别人服从。最重要的是，在更坦诚的时候，他们认识到自己最渴望打动的人，却从来没有真正给予他们所渴望的认可和接纳。他们试图强迫别人合作，强求忠诚和友谊，强制他人为自己服务。

但有一件事他们无法强求，那就是让别人喜欢自己，而这又是他们最想要的东西。他们从来没有真正得到自己想要的，因为他们从未掌握与人相处的艺术。

伯纳罗·奥弗斯特里特（Bonaro Overstreet）在其著作《了解自己和他人的恐惧》（*Understanding Fear in Ourselves and Others*）中指出，破坏性的情绪问题总是源于自己与他人的关系。“当汽车在结冰的高速公路上打滑时，一个人会感到害怕，但这种害怕并不会扭曲他的个性。当一把锤子砸到脚上时，他会感到疼痛，但这样的疼痛并不会引起阴郁的敌意……令一个人不能容忍并无法保持情绪健康的状况是，他与自己的同胞之间丧失了善意。”

旧方法在新时代行不通

在过去的历史上，也许曾经有一段时间，一位杰出的实业家可以说“人们真该死”，并侥幸逃脱惩罚。即使是在第二次世界大战期间，当消费品稀缺的时候，推销员、售货员和商人们也能以类似的态度过日子。

但时代在变化，那些生活在旧时代、试图使用旧方法的人已经落伍了，远远落后于那些奉行现代人际关系法则的人们。

随着人类文明的进步，随着新的发明使我们的世界变得越来越小，随着社会经济生活日益专业化和复杂化，其他人对我们而言变得越来越重要。

● 大卫·克洛科特的世界已不复存在

美国得克萨斯独立运动中的英雄大卫·克洛科特（Davy Crockett）是一个极端的个人主义者，这个称号对他来说可谓当之无愧。在他那个时代，人们并不像我们今天这样相互依赖。晚饭是吃熊肉还是兔子肉，主要取决于他自己的喜好以及他挑选食物的眼光。但是，今天我的夫人能否享受到顶级的牛排，在很大程度上取决于她与街角屠夫的人际关系，以及她的丈夫在过去一周与人打交道是否顺利。

大卫·克洛科特所需要的，几乎只是他使用他的来福枪“老贝琪”的技巧。但在现代世界中，即使是专门技能，也比不上与人打交道的技能重要。让我来给你举几个例子。

人类工程学比技术知识更重要

如果说今天有一种职业看起来完全是门技术活，那一定是工程学。然而，普渡大学对工程学毕业生进行了长达5年的追踪记录，结果发现那些在学校得分最高的人，即表现出真正掌握了所有技术细节，并且具备从事其职业所需的聪明才智的人，与那些得分最低的人相比，年收入差额不到200美元。

但是，那些在社交场合表现出明显的与人交往能力的毕业生，他们的平均收入比“学习成绩优秀”组高出15%，比“个性评分低”组高出约33%。

具有讽刺意味的是，今天许多人对改善他们的个性非常感兴趣，但对人际关系技巧却没什么兴趣或者根本不关心。然而，正如阿尔伯特·威加姆博士所指出的，当你将个性归结为成功的基本要素时，它其实就是对别人感兴趣和为别人服务的能力。

● 别人永远是最重要的

不管我们喜欢与否，**别人永远都是最重要的**。在当今世界，如果不考虑别人，我们就不可能获得任何成功或幸福。

那些功成名就的医生、律师、推销员，并不一定是其领域最聪明或最有技能的人。销售最多商品和享受最多乐趣的售货员，并不一定是最聪明或最美丽的。

最幸福的丈夫和妻子，也不一定是体格最好的男人和脸蛋最漂亮的女人。

无论在哪个行业寻找成功人士，你都会发现，他们是那些掌握了与人打交道的技巧、有“办法”与人相处的人。

用可靠的方法获得你想要的东西

对我来说，如何成功地与人交往一直是极为有趣的事。多年来，我研究了许多成功人士，试图了解他们成功的秘诀。出于同样的原因，我也研究了那些经常失败的人。

我读了所有能找到的关于这个主题的书，但我发现大多数关于“与人相处”的书，书中并没有对人们如何做和人们真正想要什么进行深入研究。相反，它们包含了关于人们“应该”如何做，以及他们“应该”想要什么的个人想法。要么是关于如何通过放弃自己想要的一切来安抚他人的盲目乐观的文章，要么是关于如何利用“强势的人格”来支配他人的建议。

然而，在过去的几年里，我发现有些人在悄悄地使用有效的技术和方法，不仅是在与人相处方面，在获得他们想要的其他东西方面也是如此。

奇怪的是，虽然这些人使用的许多方法和技术都是多年来传承下来的老技巧，但它们有一个很大的不同。即它们的应用不是表面上的，也不是要什么“把戏”，而是基于对人性的理解。它们被当作基本原则在使用，完全不是陈词滥调。

● 技巧取决于掌握某些基本原则

人际关系中的技巧与其他领域中的技巧类似，其中的成功取决于理解和掌握某些基本的原则。你不仅要知道该做些什么，还要知道为什么要这么做。

就基本原则而言，对每个人来说都是一样的，尽管你遇到的人各不相同。如果你试图学习一些技巧，来对待所遇到的每一个人，那么你注定不会成功。正如一位钢琴家，如果他必须把每一首曲子都作为全新的、独特的东西来学习，那么他将面临一项不可能完成的任务。

钢琴家所做的就是掌握某些基本原则。他学会了一些关于音乐的基本知识后会练习某些曲子，直到他熟练弹奏琴键为止。当他掌握了这些基本知识之后，通过练习和额外的学习，就可以弹奏任何一首摆在他面前的曲子。因为尽管每一首曲子都是不同的，但钢琴上只有88个琴键，音阶上只有8个音符。

不管你是不是钢琴家，都能很快学会在钢琴上弹奏出动听的和弦。如果你多一点耐心，就能学会弹奏钢琴家使用的所有分解和弦。不过，这并不能让你成为一名钢琴家。如果你想举办一场音乐会，你会出洋相的。

● 影响别人是一门艺术而非魔术

同样道理，如果试图学习一些影响别人的花招，并以一种肤浅、机械的方式应用它们，也会发生上述情况。你和那些“有办法”与别人相处的人做了同样的动作，但不知怎么回事，它们对你似乎不起作用。你敲着相同的音符，却没有弹出动听的音乐。

这本书的目的不是教你几个和弦，而是帮助你掌握敲击琴键的技巧；不是教你一些与人交往的把戏，而是教你理解人性，理解人们为什么这么做，让你“知其所以然”。

这本书中介绍的方法，已经在我的“人际关系诊所”中，在数以千计的人们身上测试过了。它们并不是我关于如何与人交往的个人想法，而是那些经受过检验的观点。如果你想与别人交往，同时获得你想要的东西，你就必须这样去做。

是的，所有人都想要成功和幸福。但是，强迫别人给你想要的东西，以此来获得这两件奖赏，这种日子已经一去不复返了(如果它真的存在过的话)。通过乞求得到你想要的东西也不是好事，因为没有人会尊重一个卑躬屈膝、伸手四处乞讨、乞求别人喜欢的人，也没有人想要帮助这样的人。

要想从生活中得到你想要的东西，唯一的成功之道就是学会与人交往的技巧。

人际关系TIPS

1. 事实证明，商业界有66%至90%的失败都是人际关系的失败。
2. 所谓的个性问题，如胆怯、害羞、自我意识等，基本上都是与人交往的问题。
3. 学会自信地与人交往的技巧，你自然就会获得成功和幸福。
4. 掌握与人打交道的基本原则，你就不需要那些花招和把戏了。

Chap.2
影响别人的“基本诀窍”

就在我写这一章的时候，报纸上刊登了两篇似乎并不相干的报道。其中一篇说，一个男人勒死了一个女人，就因为这个女人在听他说话的时候睡着了。另一篇说，一个17岁的男孩与两个同伴抢劫了一家加油站。这个17岁的男孩长着两颗龅牙，他承认自己并不想打劫，但周围的那些男孩总是取笑他，他只是想向别人证明自己是个男人。

这两件事性质相似，都是人们为了保护受伤的自我而走向极端。你可以伤害一个人的身体，可以偷他的东西，可以用各种方式损害他的利益，然后你们还能相处下去。但就人际关系而言，一个不可饶恕的罪过就是践踏别人的自我。一旦你玷污了别人作为一个人的尊严，你就惹上麻烦了。

因为自我对一个人来说是非常珍贵的，一个人会因为捍卫他的自我而走向极端，所以“自我主义”这个词就变成了一个令人讨厌的字眼。

“自我主义”的另一面

不可否认的是，如果自我主义可以导致人们做出愚蠢、非理性和破坏性的事，那么它也可以使人们做出高尚和英勇的举动。

那么，什么是“自我主义”呢?

著名的编辑和人道主义者爱德华·博克（Edward Bok）说，世界上所谓的自我和自负，实际上是一个人的“内在神圣火花”，只有那些点燃了“内在神圣火花”的人，才能成就伟大的事业。

无论你想给它取什么名字，“人的尊严”也好，“个性”也罢，或者其他诸如此类的概念，每个人的内心深处都有一个重要的东西，需要得到尊重。每个人都有自己独特的个性，而他最强大的动力就是维护这种个性，保护这个重要的东西不受外敌侵犯。

这就是为什么你不能把人当作机器，当作登记册上的数字，当作“没有个性的群众”，然后勉强地应付他。任何剥夺人类这种个人价值的努力，都将以失败告终。人的尊严拥有的力量比军队和监狱更强大。它为我们自己的“自由之国”搭建了一个舞台。如果你仔细阅读《独立宣言》，就会发现它实际上是一份个人独立宣言。它之所以拥有权力，不是因为它规定了某个群体的某些权利，而是因为它宣布“所有人”都享有某些不可剥夺的权利。

同样值得注意的是，《独立宣言》把一个人的真正价值视为上帝的礼物，而不是个人为自己创造的任何东西。“我们认为这些真理是不言而喻的，即造物主赋予了所有人某些不可剥夺的权利……”

这不是一本关于宗教的书。但是归根结底，你无法把宗教和人际关系彻底分开。如果你相信人类被赋予了不可剥夺的权利，被赋予了与生俱来的价值，你就能更好地相信别人。

亨利·凯泽（Henry Kaiser）曾经说过，如果你记住每个人都是重要的，因为每个人都是上帝的孩子，你就会自然而然地建立起良好的人际关系。

这也是自尊的唯一真正基础。如果一个人意识到他的成就不是因为他做了什么或者做得多好，而是因为上帝的恩典赋予了他某种内在的价值，他就会发展出一种健康的自尊。没有意识到这一点的人，则试图通过赚钱、获取权力和声名，或者其他各种各样的方式来赋予自己某种重要性。他不仅是我们所说的最坏意义上的“自我主义者”，而且他因自尊一直未得到满足而产生的“饥饿感”，正是这个世界上大部分麻烦产生的原因。

我们都是自我主义者：生活的四个真相

如果你要与人打交道，无论是孩子、妻子、丈夫、邻居、老板、员工还是罪犯，最好把以下几点铭记于心，并采取相应的行动：

1. 我们都是自我主义者。
2. 我们对自己比对世界上的任何事情都更感兴趣。
3. 你遇到的每个人都想要觉得自己很重要，都想有所成就。
4. 每个人都渴望得到别人的认可，这样他就可以认可自己了。

我们的自我都是“饥饿”的。只有当这种饥饿感在一定程度上得到满足时，我们才能“忘记自己”，把注意力从自己身上移开，转而注意别的东西。一个人只有学会了喜欢自己，才能慷慨和友好地对待他人。

是什么让人们以自我为中心和自负？

我们过去认为，自我主义者的问题在于，他对自己评价过高，自尊心太强。如果一个人以自我为中心，他应该以某种方式放弃自视甚高的想法，这样他就会“被治愈”。以前的理论心理学家也曾认为，自我主义者对自己的评价太高，对付他的办法就是“打击他”“让他出丑”“把他自以为重要的一些东西敲掉”。

几百年前，社会曾尝试用这些方法来对付罪犯。即使到了今天，还有许多人试图用这些方法来对付与他们意见相左、难以相处的人。然而，这种策略从未奏效。他们所做的一切都只会让对方更加充满敌意，让他的自我更加敏感。

这些方法之所以不起作用，原因很简单。临床心理学家对真实人物（而非理论人物）的“病史”进行了研究，毫无疑问，我们现在知道，以自我为中心的人实际上并没有太多自尊。相反，他们是自尊过低。

● 和自己融洽相处，就能和别人融洽相处

伯纳罗·奥弗斯特里特曾说，每一个人与自己、与别人不和的例子，实际上都是因为缺乏真正的自尊；而在任何情况下，治愈的方法都在于恢复自尊。一旦一个人开

始更喜欢自己一点，他就能更喜欢别人一点。一旦他从对自己的不满中走出来，他就不再那么挑剔，对别人也更加宽容。

临床心理学家和实验心理学家研究了数千个存在各种问题的真实人物之后，得出了这样的结论：自我的饥饿和对食物的饥饿一样普遍。自我的食物和身体所需的食物有着相同的作用——让自己存活下去。身体需要食物才能生存，而自我，或者说每个人独特的个性，需要的是尊重、认同和成就感。

● 饥饿的自我是卑鄙的自我

把人的自我和胃做比较，可以很好地解释人们为什么会这样。一天吃三顿饱饭的人，很少考虑到他的胃。但是，让一个人几天不吃东西，让他饥肠辘辘，那么他的整个人格可能都会改变。他会从一个慷慨、快乐、善良的人，变成一个脾气暴躁、难以相处的家伙。他会变得更爱挑剔，没有什么能取悦他，他还会乱发脾气。

好心的朋友告诉他，所有的烦恼都是"胃在作怪"，必须把心思从胃上移开，但这对他没有什么用。朋友告诉他，应该少考虑自己，多考虑别人，这也无济于事。

只有一种方法可以克服他的"胃病"，那就是顺应自然的要求，把胃喂饱。大自然赋予了每种生物一种本能，这种本能时刻提醒大家:“你和你的基本需求是第一位的。”简而言之，一个人必须先吃东西，照顾好自己的基本需求，然后才能把注意力放在其他事情上。

以自我为中心的人也是如此。一个健全的人格，自然需要一定程度的自我接纳和自我认同。责骂一个以自我为中心的人，让他把注意力从自己身上移开是没有用的。在自我的“饥饿”得到满足之前，一个人无法将其“忘怀”。只有自我得到了满足，他才会真正放手，把注意力放在工作上，放在别人以及他们的需要上。

如何利用这几个字母：LSMFT

在向美国烟草公司道歉的同时[①]，让我们考虑一下这几个神奇的字母: LSMFT，它们能够魔术般地改善你的人际关系。在这里，这些字母代表:

低自尊意味着摩擦和麻烦

（Low Self-Esteem Means Friction and Trouble）

① 美国烟草公司的著名香烟品牌好彩（Lucky Strike）有句广告语：“好彩意味着好烟草”（Lucky Strike Means Fine Tobacco），首字母缩写亦是 LSMFT。

当自尊处于高水平时，人们很容易相处。他们开朗、大方、宽容，愿意倾听别人的想法。他们照顾了自己的基本需求，并且能够考虑其他人的需求。他们的个性是如此坚强和安稳，因此可以承担一定的风险。他们可以承受一些挫折和打击，可以承认自己犯下的错误，甚至可以坦然地接受批评和轻视，因为这些事情只会对他们的自尊造成很小的伤害，而健康的部分还有很多。

众所周知，高层的大人物比底层的小人物更容易打交道。有一个故事，讲的是第一次世界大战中，一个士兵高喊："灭了那该死的火柴。"结果他懊恼地发现，肇事者竟是人称"黑杰克"的潘兴将军。当他结结巴巴地道歉时，潘兴将军拍了拍他的背说："没关系，孩子，你很幸运，我不是少尉。"

潘兴将军不以为意的原因很简单，一个二等兵的言论并不会威胁到一位将军的地位。

● 低自尊导致心胸狭窄

当自尊处于低谷时，很容易发生麻烦和摩擦。当自尊低到一定程度时，任何事情都可能成为威胁。这就解释了为什么会发生这样的悲剧：一个女人在听一个男人说话时睡着了，那个男人就把她勒死了。如果他的自尊足够高，这种冒犯就不会对他产生如此巨大的影响。如果那个17岁的男孩有足够的自尊，他就不会为了向伙伴们证明“自己是个男人”，而去抢劫加油站。

对缺乏自尊的人来说，即使是一个挑剔的眼神或一句严厉的话，对他们来说也会像一场灾难。那些所谓“敏感的灵魂”，即使在最无辜的话语中，也能听出一些“挖苦”或“讽刺”，他们遭受着低自尊的折磨。那些爱炫耀和爱吹牛的人，同样也遭受着低自尊的煎熬。

● 如何理解恃强凌弱的人

即使是那些傲慢的人，那些试图贬低你或者让你感到自卑的人，事实上也受到了低自尊的折磨。只需要记住两件事，你就能理解这类人的行为：第一，他迫切需要提高自己的自尊，并试图通过打击你来做到这一点；第二，他很害怕，他的自尊正处于低谷，以至于他意识到，哪怕只是你一句善意的“批评”，就足以把它彻底摧毁。虽然他不知道你会不会伤害他的自尊，但他不能冒这个险。他不能在平等的基础上，在降低防御的情况下一对一地接近你，因为这样做风险太大了。他唯一能用的安全策略就是，在你贬低他之前先去挫败你。

如果你记得 LSMFT 这几个字母，它将帮助你面对所有这些低自尊的人。了解他们的行为方式，将有助于你制定应对他们的策略。

当你意识到是低自尊造成了摩擦和麻烦，就不会再试图把这些人打倒在地，从而使事情变得更糟。你会避免尖酸刻薄的评论。你不会再试图去说服他们，因为如果你赢了争论，只会进一步伤害对方的自尊，使他们比以前更难对付。

这就是“赢了争论，输了销售”这句名言背后的心理学原理。

如何把狮子变成羔羊

对付制造麻烦的人，只有一种有效的方法——**帮助他更喜欢自己。**

喂饱他饥饿的自我，他就不会再对你咆哮。

记住，饥饿的自我是刻薄的自我。一只被喂饱了的狗很少会想打架。在过去斗狗的日子里，人们会让狗在比赛前挨饿一两天，使它们变得更凶狠。这个成功人际关系的秘诀不仅适用于制造麻烦的人，而且适用于普通人。如果你满足了一个人的自尊 —— 不是用虚伪的奉承，而是用真诚的赞美，那么任何一个人都可以变得更随和、更善解人意、更易于合作。

试着发现一些你可以赞美别人的小事情。在与你交往的人身上寻找优点，你可以去赞美他们的这些优点。养成每天都自发真诚赞美他人的习惯，这样你与别人的关系就会变得更顺畅。

在本书的第二部分中，我们将讨论一些具体的案例，说明如何将人性的知识应用到日常生活中。但别等到那时候了，现在就开始真诚地想办法帮助别人，使他们更喜欢自己吧。不要试图以优越的姿态来应用这些知识。如果这样做了，你会被识破的，因为你的优越感只会引起他人的反感。

当你读到本书其他部分的时候，也请记住下面的人际关系第一法则。你将看到它贯穿于稍后将要介绍的许多案例中，而且它将使你能够理解本书提供的各种方法为何有效。

人际关系的第一法则可以概括为："人们之所以这样做（或不这样做），主要是为了提高他们的自尊。"当你试图说服别人以某种方式行事，而逻辑和推理似乎无效时，试着给他一个能提高他自尊的"理由"。我们经常被告知要"以理服人"，或者"跟孩子们讲道理"。但是，当涉及让人们以某种方式行动时，"理由"这个词意味着"能提升自尊的理由"。

一个适用于任何人的原则

这个原则对妻子有效，对丈夫有效，对孩子、餐厅服务员、酒店前台接待员甚至是国王都有效。

当英国陆军上将詹姆斯·奥格尔索普（James E. Oglethorpe）请求英国国王乔治二世允许他在北美新大陆建立殖民地时，他花了好几个星期，对国王进行了种种“合乎逻辑的论证”，但国王对此根本不感兴趣。

奥格尔索普转而从人性的角度提出了各种他认为良好的理由。但是，国王并没有被打动。最后，奥格尔索普决定改变策略。在他与国王的又一次会面中，奥格尔索普尝试推销这样一个观念：如果英格兰在新大陆有一块殖民地，那将是一件多么美好的事情——在新的领土上插上英国国旗，将是多么荣耀！

“但是，我们在新大陆已经有殖民地了。”国王说。

“是的，陛下，”奥格尔索普说，“但它们都不是以您的名字命名的。”

国王坐了起来，打起了精神。他不仅同意将新殖民地命名为“佐治亚”（Georgia），而且资助了整个计划，甚至还将那些欠国王债的逍遥法外者安置在此处，以建立新城。

给别人帮助你的理由

不久前，我前往美国南部的一个城市，那里正在举行一场全国大会，意料之外的业务发展要求我在那里过夜。我去了一家以前住过的旅馆，前台挤满了想找房间的人，我好不容易才挤到接待员跟前。

“天呐，先生，”前台接待员抱歉地喊道，“你应该早点让我们知道你要来。照现在这种情况，恐怕我帮不了你什么忙。”

“看来我们确实遇到了难题，但我知道，如果这城里有哪家旅馆的人能解决它的话，那一定是你。我没有必要再找了，因为如果你都找不到房间，我还不如做好睡在公园里的打算。”我回答道。

“好吧，”他说，“我不确定。不过，请在一旁等30分钟吧，让我看看能否想出什么点子，帮你解决一下。”

结果，他想起了一间小客厅，小客厅装饰豪华，通常用于非正式会议，只要放进去一张空床，搬一个浴盆，就可以把它变成一间舒适的卧室。我得到了这个房间，他得到了成就感，而且通过向我和他自己证明“如果有人能做到，那就是我”，从而提升了他的自尊。

人际关系TIPS

1. 我们都是自我主义者。
2. 我们对自己比对世界上任何其他东西都更感兴趣。
3. 你遇到的每个人都想感到自己很重要，想有所作为。
4. 每个人都渴望得到认可。
5. 饥饿的自我是卑鄙的自我。
6. 满足对方对自尊的渴望，他就会自然而然变得更友好、更讨人喜欢。
7. 耶稣说："像爱你自己一样爱你的邻居。"现在，心理学家告诉我们，除非你在真正自尊的意义上来爱自己，否则你不可能友好地对待别人。
8. 记住这几个字母：LSMFT。自卑意味着摩擦和麻烦。
9. 帮助别人更喜欢他自己，就会使他变得更容易相处。
10. 人们之所以这样做（或不这样做），很大程度上是为了提升他们的自尊。

Chap.3
如何利用你的隐藏资本

在人际关系方面，可以说每个人都是百万富翁。但一个巨大的悲剧是，大多数人都囤积着这笔财富，或者非常吝啬，不愿施舍。更糟糕的是，甚至有人并未意识到自己拥有这笔财富。

在第二次世界大战期间，物资短缺，人们渴望肉食。于是，屠夫成了社区中最受欢迎的人。同样道理，在如今的日常生活中，与你交往的每个人都渴望你能给他们“食物”。

人们最普遍的渴望之一，就是“感到自己很重要”，渴望自己作为一个人的价值得到别人的认可、欣赏和关注。

而你恰好有能力提高一个人的个人价值感。你有能力让他更喜欢自己，让他感到被接受和被欣赏。

简而言之，你有足够的“面包”来满足人类的“饥饿”。

试着捐献你的“财富”

改善人际关系最迅速的方法，就是把你拥有的“财富”都捐献出去。不要吝啬，不要小心翼翼地施舍，更不要藏着掖着。实际上，它不需要你付出任何代价，你也不用担心会把它用完。不要试图用它来做交换或讨价还价。不要试图用它来贿赂别人，让他们给你所需要的东西。

慷慨大方地把它送给别人，不必考虑你能从他那里得到什么。但可以这么说，当你把这块“面包”扔到水面上时，它总是会膨胀数倍后回到你身边。

每个人都渴望这种“食物”

不要仅仅因为一个人功成名就了，就认为他不再需要“感到自己很重要”了。

社会交往中的礼仪、礼貌等礼节，都建立在这一基础之上：人们普遍渴望自己拥有某种个人价值。

注重礼仪和礼貌，正是我们承认别人重要性的一种方式。

还记得这样一条新闻吗？有一位外国总理赴约会见华

盛顿的一名内阁官员，但他不得不自己去找这位内阁官员的办公室，并把自己的名字告诉内阁官员的秘书，然后他被晾在那里，超过约定时间5分钟，还没等到对方出现。然后，这位总理平静地离开了，他说："我们以后再见他吧。"这件事当时在美国外交界引起了很大的轰动。

难道是这位总理的时间太宝贵了，以至于连5分钟都等不起吗？恐怕不是的。几个月来，与这个国家建立友好关系的艰苦努力，有没有可能被这样一件小事所抵消？专家们认为很有可能，看到那些官员后来匆忙处理此事就明白了。

● 你和别人拥有一个共同点

每一个读这本书的人和另一个读这本书的人都不相同。你们住的不同，吃的不同，穿的不同，喜欢的东西不同，总而言之，你们是不一样的。但是，大家都有一个共同点。

这个共同点就是：**每个人不仅需要"感到自己很重要"，还需要感到"别人认可自己的重要性"**。事实上，我们真正需要的是"被别人重视"，以帮助我们确认个人价值。因为我们对自己的感觉，在很大程度上是别人对我们的感觉的反映。如果一个人遇到的每个人都把他当作无名小卒或卑微之人，那么他不可能长久地保持自己的尊严和价值，而这种尊严和价值对他的幸福又是如此必要。

这就解释了为什么所谓的“小事情”——微小的、看起来不重要的行为——可以在人际关系领域产生巨大的影响力。

你可能会问，5分钟到底意味着什么？事实上，5分钟时间本身并不重要。在这种情况下，重要的是那5分钟说明了什么。让一个人等5分钟，似乎是在说：“这次会面对我来说不是很重要。我认为和你见面只是例行公事，见你并没有多大价值。”

你有没有听到过人们要求离婚的理由？其中有些听起来很可笑：

“每次他带我出去的时候，总是盯着别的女人看。”

“他告诉每个人，我在钱的问题上是多么愚蠢，然后他还洋洋得意。”

“她每天早上故意把吐司烤焦，因为她知道我讨厌烤焦的吐司。”

“在给我做饭之前，她总是先去喂猫。”

这些看起来都像是“小事情”。但是，当它们被无休止地重复，不断地表明“我认为你不重要”时，它们就变成了真正的“庞然大物”。

记住，只需要一个小小的火花就能引发巨大的爆炸。你做的每一件小事、说的每一句话，都可能引起连锁反应，然后发生大爆炸。

你必须承认别人

在外交关系中，当各国政府谈到承认别的国家或给予其认可时，意味着承认它们有一个真正的政府。

在人际关系中，我们也可以从中借鉴经验。为了成功地与别人打交道，我们也必须承认他们是真实的、有价值的人。

施特勒（J. C. Staehle）在分析了许多调查后发现，工人发生骚乱的主要原因如下（按其重要性排列）：

1. 未能肯定员工的建议。
2. 未能纠正冤屈。
3. 未能鼓励员工。
4. 当着别人的面批评员工。
5. 未能征求员工的意见。
6. 未能告知员工工作进展。
7. 偏袒。

请注意，每一项都与未能承认员工的重要性有关。未能肯定员工的建议表明：“你的建议不是很重要。”未能纠正冤屈表明:“你根本不重要，你的委屈算不了什么。”诸如此类。

让别人感受到重要性的法则之一
——认为别人很重要

如何让别人感觉到自己很重要呢?

第一条法则，也是最容易应用的一条，就是**说服自己永远认为别人很重要**。这样一来，你自己的态度就会传达给别人，即使你没有尝试这样做。而且，这使你的人际关系建立在真诚的基础上，不需要“耍花招”。你可以尽可能地尝试各种方法和花招，但如果你没有诚意，它们就不会起作用。如果你暗地里觉得对方是个无名小卒，就不可能让他在你面前“感到自己很重要”。

说到底，还有什么比人更重要呢?还有什么比人更有趣呢?

每个人都很重要，这并非无稽之谈。在上一章，我们提到了亨利·凯泽所说的与别人和谐相处的第一条规则:认识到你遇到的每一个人都是上帝的孩子，这一点使他变得很重要。

杜克大学的莱因(J. B. Rhine)博士用更科学的语言表达了同样的观点。在20多年的时间里，莱因和他的同事们通过科学实验，证明了人类有一些“超越身体”的东西。换句话说，科学家告诉我们，他们已经通过实验证明，人类并不仅仅是一台有血有肉的机器，也不仅仅是一个身体意义上的“动物”。

莱因博士说，当这些发现得到普遍承认和接受时，它们将使人类彼此之间的关系变得更友好。在其著作《心灵的边界》(*The Reach of the Mind*)中，莱因写道：

> 我们对待人的方式显然取决于自己对他们的看法，就像我们对待其他事物一样。没有其他更明智的方式。我们对人的情感取决于我们对他的看法、对他的了解。我们越是认为我们的同伴是命运注定的物理系统，是机器人，是机械，仅仅是大脑在控制，我们就越会怂恿自己冷酷无情地对待他们。
>
> 另一方面，我们越是欣赏他们的精神生活，认为他们在本质上是独特的，比宇宙中的尘埃更具原创性和创造力，我们对作为个体的他们就越感兴趣，就越倾向于尊重他们，更多地考虑他们的观点和感情。于是，我们的人际交往提高到了彼此感兴趣、理解和友爱的水平。

总而言之，对别人影响最大的人，是那些认为别人很重要的人。

让别人感受到重要性的法则之二
——关注别人

第二条简单而基本的法则就是：**关注别人**。

你有没有想过这样一个事实：你只会注意那些对你来说重要的事情？事实上，你看到的自己周围的东西永远不超过1%，你只会关注那些重要的东西。

星期天下午，几个人在同一条街上散步，可能会看到或注意到几种不同的东西，仅仅是因为他们感兴趣的东西不同。一个商人会注意到街上的商铺，并在心里盘算着每家商铺需要支付多少租金。一个铺路承包商会注意到路面的状况，并发现它亟待修整，而他的妻子会注意到商店橱窗里的新衣服，他8岁的儿子则看到了鸽子，并想起了他的弹弓。

● 如何让人们更努力地工作

在潜意识里，我们都知道，我们只会注意对自己来说重要的东西。

因此，当有人注意到我们时，他就是在赞赏我们。这一行为表明，他认识到我们的重要性。他极大地鼓舞了我们的士气。我们将更友好、更合作、更卖力地工作。

1949年，美国密歇根大学调查研究中心的心理学家开始了一项科学研究，这项研究至今仍在进行中。他们想找出是什么让人们工作更努力，是什么让他们生产更多、做得更好。研究发现，那些对下属感兴趣的领导，能够让员工自觉地努力工作，而那些专横的领导，只能强迫员工更辛苦地工作。

《科学通讯》报道了这些心理学家的研究结果："施加压力可能会在某种程度上起作用。但是，只有当员工的内在动机被挖掘，他的自我表达、自我决定和个人价值感得到满足时，才会取得最好的效果。当一个人的个性得到尊重，他的工作方式有一定的自由度，并允许他自己做出决策时，他的工作就会更加出色。"

● 如何留住人

第二次世界大战期间，弗吉尼亚州马里昂县哈伍德制造公司的员工流动率很高，如何让人们坚守工作岗位成了问题。为了解决这个问题，董事长请来了一位心理学家。这位精通人性的心理学家制订了一个计划：对新员工给予充分的个人关注，使他们感到自己的价值得到了公司的认可。

首先，人事经理接待了每个新员工，向他们介绍工厂生产的总体情况，以及他们个人的工作在整个流程中的位置。接下来，新员工被转交给一位有经验的老员工，后者充当了新员工的顾问。然后，老员工向新员工解释他的工作职能，把他介绍给工友，并教他工作的窍门。在这个计划之下，这家公司的员工流动率几乎降到了零。

● 与孩子相处的秘诀

小孩子渴望被人关注。“看，妈妈，看我！”“爸爸，来看我！”这是所有父母都熟悉的语言。小强尼不仅仅想要游泳，他还想让爸爸“来看我游泳”。这些要求关注的呼声是如此直接。

但通常情况下，孩子们会以更微妙的方式寻求关注。小苏茜可能会发现，唯一能让妈妈注意到她的方法，就是她在餐桌前拒绝吃饭。如果不管小强尼怎么努力，爸爸妈妈都不肯看他，他可能就会走向不必要的极端，比如打翻一盏灯，或者掐妹妹的胳膊。

● 如何治愈淘气儿童

著名的家庭关系专家露丝·巴比（Ruth Barbee）博士告诉我，孩子们所谓的“淘气”，大约90%的情况下只是为了得到关注，因为他们采用其他方式得不到自己想要的关注。她还说，大多数顽皮行为和许多所谓的坏习惯，如吸吮拇指和遗尿，都可以通过给予孩子更多的关注和照顾而迅速将其治愈。

犯罪学家说，许多犯罪行为，特别是骇人听闻的罪行，大多是那些从来没有得到充分关注的人所犯下的。他们出去做一些引人注目的事，成为轰动一时的头条新闻，他就可以对自己说："现在，我想全世界都注意到我了。"

● 妻子和丈夫最常见的抱怨

时常会有人对丈夫和妻子进行民意调查，看看夫妻之间最常见的抱怨是什么。

"不被注意"总是以这样或那样的形式排在第一位。许多丈夫不能理解，为什么妻子会因为自己没有注意到她的新帽子或新发型而感到伤心。但妻子知道，丈夫没有注意到这顶新帽子，就意味着他没有真正地看着她，他没有给予她任何特别关注。反过来，这又意味着，丈夫认为妻子的重要性不足以引起他的注意。

● 如何让顾客喜欢你

我认识的最成功的售货员之一，她从来不问女顾客："你穿多大号的衣服？"

相反，她会仔细地看着顾客说："让我想想 —— 你应该穿40号。”顾客莫名地就感到很舒服，因为她被注意到了。

如果顾客是一位胖女士，她需要穿46号的，售货员总是往小猜两个尺码。当顾客说：“不，我穿46号的。”她会惊讶地说：“啊，我永远也猜不到。”在这里，她反其道而行之，不去注意那些会削弱别人重要性的事情。

● 把聚光灯对准每个人

当你和一群人打交道时，如果可行的话，尽量注意这群人里的每一个人。如果你与一个有妻子陪伴的男人打交道，一定要注意到他的妻子。千万不要忽视她，表现出你对她的关注，然后她会帮你说服她的丈夫。但不要做得过火了，把所有的话都对她说，那样会使她的丈夫感觉受辱。

如果你在和一个委员会或其他团体打交道，请记住至少要注意到其中每个人的存在。当他们和你说话的时候，请看着他们。再次强调，不要做得过火了。如果你过火了，就会削弱这个团体领导者的重要性。让领导者知道，你承认他是一位首领，这会增强他的自尊。但很有可能，你需要整个团队中大多数人的支持和善意，而不仅仅是领导者。令人惊讶的是，要让每个人都觉得你认为他很重要，其实很简单，只需要给予每个人一点关注。

让别人感受到重要性的法则之三
——不要对别人摆架子

让别人知道你“认识到他的重要性”的第三条基本法则需要特别注意。因为你是一个人，而且你和别人一样需要“感到自己的重要性”，所以你必须注意自己，确保你不会因误用这个关于人性的基本事实而损害自己的利益。

我们所面对的人性的基本事实就是：“每个人都需要感到自己很重要，并且觉得别人认识到了自己的重要性。”人性的这一特质本身是中性的。你可以让它对自己有利，也可以让它对自己不利，就像你可以用刀给面包涂黄油，也可以用它割断自己的喉咙一样。

危险的是，在和别人打交道时，我们总是受到诱惑，想让别人认可我们的重要性。不管是有意识的还是无意识的，我们总想给别人留下好印象。如果有人告诉我们他所做的一些伟大壮举，我们就会立刻想到自己所做的更伟大的事情。如果有人讲了一个好故事，我们马上就会想出一个比它更好的故事。

通常，我们是如此渴望别人认可我们的重要性，以至于我们设法让别人感到渺小，这样我们就会显得更高大。小吉米·史密斯说：“我爸爸可以打败你爸爸。”吉米的爸爸在和街坊邻居说话时，也会犯同样的错误，只不过是用不同的语言。

有一个简单的规则可以帮助你克服这个障碍。请记住下面这个经过验证的事实：

给别人留下深刻印象的最佳方法就是让他知道，他给你留下了深刻印象。

如果别人知道你对他印象非常深刻，他会评价你是他见过的最聪明、最有风度的人。如果你试着对他摆架子，回答他“哦，是的”或者“你没指望我相信，对吧”，他就会确信你是个不认识时务的傻瓜。

年轻的乔·多克斯正在和两个女孩约会。其中一个坐在那里听乔讲述他的工作、他的雄心壮志、他做过什么和想做什么，并且兴趣盎然。她几乎目瞪口呆，回应道：“太棒了！”“你到底是怎么做到的？”第二个女孩却说：“哦，那没什么了不起的，我可以做得更好。”

哪个女孩会给人留下更好的印象？乔会认为哪个女孩更聪明？

让别人感到他自己很重要，让他知道你对他印象深刻，并不意味着你会失去任何东西。这并不意味着你应该奉承他，低三下四，或者卑躬屈膝。这只是说你应该尊重他，让他感觉到自己的价值。

● **知道何时纠正别人**

通常，我们在反驳或纠正别人的时候，并不是为了解决任何真正的问题，而只是以此为代价，来提升自己的价值感。

另外一个适用的好规则是，在反驳别人之前先问问自己："他是对的还是错的？有什么真正的区别吗？"

如果他说枪里没子弹，而你知道子弹上了膛，那就反驳他。

如果他说瓶里装着指甲油，而你知道瓶里是硝化甘油，那就纠正他。

但是，如果他说地球离太阳有8300万英里[①]，除非你是一位天文学家或数学家，这个数字精确与否对你有很大影响，否则，这个数字是对还是错，又有什么区别呢？

● **不要试图赢得所有的小争论**

不久前，我与一家小餐馆的老板和一位著名的会计师共进晚餐。在谈话中，餐馆老板说："我不想赚太多钱，因为如果你赚了10万美元，你就将处于税率为90%的阶层，政府只会让你保留1万美元；而如果你只赚3万美元，你就可以保留1.5万美元。"

---

① 1英里约合1.6公里。

我看了看那位会计。他连眼睛都没眨一下。

过了一会儿，我问他:“你为什么不纠正他呢? ”

他回答道:“我很惊讶你这么问，朋友。我之所以没有纠正他，是因为这样做除了让他感到受折辱，没有任何作用。他有没有被纠正过来，这又有什么关系呢? 他自己相信这一点。如果他一年能赚10万美元，而我在准备他的所得税申报表，那么我会纠正他。但既然他赚不到10万美元，除了他的自我，不会影响到任何人，何必麻烦呢? ”

人际关系TIPS

1. 在满足别人对自我重要性的渴望时，不要吝啬。
2. 不要低估“小礼节”，比如遵守约定的时间。正是通过这样的小事情，我们承认了别人的重要性。不幸的是，我们对陌生人往往比对家人更有礼貌。试着像对待陌生人一样，对待你的家人和朋友。
3. 提醒自己认为别人很重要，你的态度就会传达给对方。
4. 从今天开始，更多地关注别人。仅仅是注意到一个人，你就会让他觉得自己很重要。
5. 不要对别人摆架子，也不要试图通过让别人感到渺小来提升你的自尊。

PART 2
如何积极影响别人的行为和态度

Chap.4
如何掌控别人的行为和态度

还记得斯文加利[①]的故事吗？他通过一种神秘的力量控制着他人的活动和行为。

你可能会惊讶地发现，我们每个人在某种程度上都是斯文加利。这并不是说我们有任何蛊惑人心的神秘力量，而是说，每个人实际上已经在控制他人的态度和行为。唯一的问题是，我们不知道自己正在使用这种力量，经常让它给自己带来麻烦，而不是为自己服务。

有些人可能反对控制别人行为的说法。但是，当你理解了我准备讲述的心理学规律之后，你就会发现我们真的

① 英国小说家乔治·杜·莫利耶小说《爵士帽》中通过催眠术控制女主人公的邪恶音乐家，后用来形容具有极大吸引力和影响力的人物。

别无选择。只要我们与他人交往，我们就在不断地影响和控制着别人的行为。唯一的选择就是：我们是用它来行善还是作恶，是为自己谋利还是不利于自己？

例如，你可能会惊讶地发现，在大约95%的情况下，你受到不礼貌的对待，受到冷落，或别人对你做出不合理的行为，实际上都是你在自找麻烦。你控制着别人的行为，事实上，是你要求他人对你不礼貌的。

想让别人怎样对你，你就怎样对待别人

有这样一条心理学定律：别人对我们表现出什么态度和行为，我们往往会以同样的方式做出回应。这条定律本身并不神秘，但当你将其付诸实践时，会看到令人惊异的效果。这是有道理的。每个人都想做恰当的事，每个人都会随机应变。

在生活中，我们会根据摆在面前的舞台来扮演自己的角色。我们有一种无意识的冲动，不要辜负别人对我们的看法，或者反其道而行，就是要让他们失望。

如果你事先认定某个人很难对付，就很可能带着或多或少的敌意去接近他，在心里紧握着拳头准备战斗。当你这样做的时候，实际上是为他的行动搭建了舞台。他会随机应变，扮演你为他设定的角色。当你离开的时候，确信

他真是一个“强硬的客户”，却没有意识到是你自己的行为和态度让他成了这样的人。

在和别人打交道时，我们看到自己的态度会反映在他们的行为中。就好像你站在镜子前：当你微笑时，镜子里的人也微笑；当你皱眉时，镜子里的人也皱眉；当你喊叫时，镜子里的人也在喊叫。很少有人意识到这一心理学定律的重要性和预见性。这不仅仅是关于人们应该如何行动的“心灵鸡汤”，它可以被带到心理学实验室里，像其他自然规律一样，被冷静、客观地进行研究。

● 有人冲你喊叫，你必然大声回敬

凯尼恩学院的语言研究部门与美国海军合作证明，当一个人被人大吼大叫时，即使看不到说话者，他也会忍不住大叫起来。

研究者通过电话和对讲机进行测试，以确定发出指令和命令的最佳音调。说话者问了被试者一些简单的问题，每个问题的音调都不同，被试者总是以同样的音调进行回答。当提问是温和的，回答也是温和的；当提问很大声时，回答就很大声。

令人惊讶的事实是，接受测试的人无法不受说话者的音调的影响。无论多么努力克制，他们的音调都会随着说话者的音调，变得更响亮或更温和。

● 如何抑制别人的愤怒

事实上，如果你及时开始，就可以利用这些科学知识来防止别人变得愤怒。这项技术基于两个众所周知的心理学事实。一个是我们刚才描述的实验，你可以通过自己的语调来控制别人的语调。另一个事实是，你可以通过轻声说话来减少别人的愤怒。

你是因为生气而大声说话，还是因为大声说话而生气，这就像问“先有鸡还是先有蛋”。不管是哪种情况都有可能发生，但有一件事是肯定的：你说话越大声，你就越生气。心理学已经证明，如果你保持声音柔和，你就不会变得愤怒。心理学接受了古老的圣经中的训诫：“温和的回答能够驱散愤怒。”

知道了这两个事实，你就能在很大程度上掌控别人的情绪。如果你发现自己处于剑拔弩张的情况下，那种紧张的局势似乎随时都可能失控，那么就刻意降低你的语调，让它保持柔和，这将迫使对方也保持自己的声音柔和。只要他保持柔和的语调，就不会变得愤怒和情绪化。如果你等到别人已经怒发冲冠，这招就不管用了。不过，你可以在别人发怒之前，用这招把他的怒气驱散。

热情具有感染力

你想让别人对你的想法、产品或计划充满热情吗？那么，请记住这条心理学法则：

想让别人怎样对待你，你就怎样对待别人。

热情比麻疹更具传染性，冷淡和漠视也是如此。你有没有过这样的经历：走进一家店铺，售货员懒洋洋地靠在柜台旁，脸上露出一种无聊而冷漠的表情？你询问关于商品的一些问题，然后她冷淡地回答："我不知道。"这句话暗示着："而且我也不在乎。"

你很可能会莫名地讨厌这家店，没有买任何东西就离开了。分析一下，你就会发现，实际上是店员让你无动于衷，让你对一切丧失了兴趣。你下意识地对自己说："嗯，如果售货员对商品也没有什么热情，那么它一定不值得我产生热情。"

● 购买兴趣是如何被扼杀的

最近，我去一家大型百货公司的体育用品部，想买一个卷线轮和一根钓鱼竿。我对钓鱼不太精通，但听说过这种新式卷线轮钓鱼竿，对它产生了一点兴趣。然而，由于店员表现出的冷淡态度，我的兴趣很快被扼杀了。

“这种卷线轮钓鱼竿真的像人们所说的那样吗？”

“哦，我想是的。每个人都有自己的看法。”

“你不喜欢它们吗？”

“我对它们一无所知。”

“它们很受欢迎吗？”

“不知道，有几个人来买。我只知道，它们对业余爱好者很适用，因为不会来回晃荡。”

最终的结果是我什么都没买就离开了。“一定是它们惹了什么麻烦，”我自言自语，“要不然他会想卖给我的。”

几个星期后，我碰巧去佛罗里达州，周末正好有时间去钓鱼。我走进一家小商店，准备选购一套钓鱼装备。

“我猜你想要一根卷线轮钓鱼竿。”柜台后的老人说。

“呃，我不知道。卷线轮钓鱼竿是给业余爱好者用的，不是吗？”我说。

“先生，你不喜欢卷线轮钓鱼竿吗？”他直盯着我，语气十分惊讶。

“好吧，我从来没有钓过鱼。”我回答。

“任何不喜欢卷线轮钓鱼竿的人，一定都是脑子进水了。”他说。

当然，这位老人永远不会赢得任何外交奖章。但是，他对卷线轮钓鱼竿那真挚的热情，完全抵消了他语言上的唐突。他对卷线轮钓鱼竿的痴迷感染了我，我所能做的就是笑着说:“好吧，给我一根卷线轮钓鱼竿。”

这里出现了控制别人行为的另一个技巧：**只有你对某个东西充满热情，你才能把它卖给别人**。当你对它痴迷，而且别人看得出来这点时，他就会想买它。再进一步，让自己相信他一定会买，然后他几乎就是“被迫”买下这件东西的。

我遇到过最好的证据，是弗兰克·贝特格（Frank Bettger）的著作《我是这样从销售失败走向销售成功的》（*How I Raised Myself from Failure to Success in Selling*）。这本书证明了你可以激发别人的热情。在29岁之前，贝特格一直是个失败者。当第一次尝试以销售为生时，他差一点饿死了。然后，他努力让自己变得热情起来。他不再试图通过“正面进攻”使别人对他的产品产生热情，相反，他专注于让自己对产品产生热情。当他变得热情时，他发现别人也变得热情起来，并从他那里购买产品。后来，贝特格成为美国有史以来最成功的推销员之一。

自信孕育信任：如何最大限度地利用自信

就像你可以通过热情让别人变得热情一样，你也可以通过自信地行动，让别人对你和你的提议充满信心。

这是一种可悲但真实的情况：许多能力平庸的人，比其他有杰出才能的人取得了更大的进步，仅仅是因为他们知道如何自信地行动。

所有伟大的领导者，都知道自信地行动的重要性。拿破仑虽然不能算是人际关系的好楷模，但他知道自信带来的魔力，并将其运用到了极限。在他第一次被流放后，法国军队奉命去抓捕他时，他既没有逃跑也没有躲藏。相反，他大胆地出去迎接他们，一个人对抗一支军队。他对自己能控制局面的极度自信产生了神奇的效果。他表现得好像军队将会接受他的命令一样，果然士兵们在他身后列队前进。

康拉德·希尔顿（Conrad Hilton）年轻的时候，他拥有的自信超过了他的财富。事实上，他所拥有的全部资产，就是信守承诺的名声，以及他激发别人对其计划抱有信心的能力，就像他对自己抱持的信心一样。不管遇到什么困难和障碍，希尔顿总是表现得好像不可能失败，他的行动如同魔法，促使别人也相信他不会失败。

希尔顿拥有的第一家真正的一流酒店，是用他不足5万美元的自有资金创办的。当他的母亲发现他在制订计划，并问他在做什么时，希尔顿告诉母亲，他正在筹建一家真正的大酒店。“钱从哪儿来？”母亲问。

“在这里。”希尔顿拍着自己的脑袋回答。他用尽一切可能的来源，成功地筹集了大约50万美元的资金。但是，当建筑师给他这座准备建造的酒店制订预算时，他们说至少要花费100万美元。他毫不犹豫地说："制订方案。"

希尔顿开始建造这座酒店，丝毫不顾虑钱从哪里来。正是因为他不仅说要建一座价值100万美元的酒店，而且他真的在这样做，所以别人都开始相信"希尔顿可以做到"，并且开始给他投资。

亨利·福特（Henry Ford）在创业之初，主要是通过他的自信为公司融资的。他尽可能让自己手头有足够的现金。当投资者和债权人光顾时，他会以各种方式让他们知道自己有多少现金。他没有特意告诉他们，实际上他所有的资产就是这些现金。他不止一次地陷入绝境，但表现得自己好像不会失败，而且似乎注定会成功，他用这种自信赢得了别人对他的信心。

约翰·洛克菲勒（John D. Rockefeller）也使用了同样的技巧。当一位债主打电话来，暗示他要付清账单时，洛克菲勒就会大张旗鼓地拿出他的支票簿。他会问："你想要哪一种，现金还是标准石油股票？"他表现得如此冷静和自信，以至于几乎所有人都决定买他公司的股票，而且从来没人为此感到后悔。

● 推销员在银行里的"存款"

纽约市的全国销售经理协会主席鲍勃·惠特尼（Bob

Whitney）最近对我说："一个推销员的自信就像他在银行里的存款。表现得自信些，看起来很自信，你就会发现自己越来越自信了。更重要的是，你的客户也开始对你更有信心。我见过一些平庸的推销员创造了很好的业绩，因为他们知道如何自信地行动和说话。我也见过一些明明掌握了所有推销术的推销员却失败了，因为他们缺乏展示自信态度的诀窍。"

如何让你的个性具有吸引力

鲍勃·贝尔（Bob Bale）是著名的鲍勃·贝尔个性研究所的创始人，他告诉我，如果你想让自己成为一个更有趣、更有活力的人，自信的态度和自信地行动是你能够做的最重要的事情之一。他说：

> 没有人喜欢那种优柔寡断、软弱的人，表现得好像他不知道自己在说什么，也不知道自己想要什么。
>
> 我们本能地喜欢那些知道自己想要什么，并表现得好像他注定会得到的人。人们不喜欢怀疑者或失败者。如果你想让别人喜欢你，就要让他们知道你期待着胜利。抬起头，看着对方的眼睛。

往前走，就像你有着坚定的目标，并且一定会到达那里一样。我看到过许多人通过刻意保持自信的方式，完全改变了他们的个性。

记住，如果你相信自己，并自信地行动起来，别人就会信任你。

小事会让你“暴露”

你不可能钻到一个人的脑袋里，看看他有多自信。但是，人们的信心会通过一种微妙的方式表现出来。虽然我们可能从未分析过为什么自己会对某个人有信心，但在潜意识里，我们会通过一些小的迹象或线索来做出判断。

● 注意你的步伐

我们的身体动作表现了自己的心理面貌。如果你看到一个路人双肩下垂，你就知道他的负担太重了，几乎难以承受。他的举止像是背着一个很重的东西，他很可能处于沮丧和绝望的状态。当某些事情摧毁一个人的精神时，也不可避免地要压垮他的身体。于是，他变得弯腰驼背了。

看到一个路人低着头，眼睛向下看，你就知道他很悲观。

一个胆怯的人会迈着充满不确定和犹豫的步子，好像他害怕放开手脚，不敢真正自信地大步向前。

一个有信心的人则会迈着勇敢的步子。他会肩膀坚挺，眼睛向外张望，搜寻他觉得自己能够达到的目标。

● 搬弄是非的握手

约翰·墨菲（John Murphy）为《生活》杂志撰写了一篇名为《搬弄是非的握手》（*Your Tattle-tale Handshake*）的文章，其中指出，你握手的方式所告诉别人的信息，比你想象的要多得多。

软弱无力的握手表明缺乏自信。如果对方试图表现得傲慢和自大，就像许多缺乏自信的人一样，那么你就知道他是在虚张声势。

特别大力的握手往往是对缺乏自信的补偿。对方做得太过分了，以至于你知道他其实不够自信。

握手时坚定有力，但不会用力过猛，轻轻地挤压一下，表明“我有活力，我对事情很有把握”，这种握手代表了自信。

● 你的声调

事实上，我们通过自己的声音来表达自己，比其他任何方式都要更频繁。声音是人类之间最常用、最便捷的交流方式。但你的声音传达的不仅仅是思想，它也传达了你对自己的感觉。

请仔细倾听自己的声音，它表达的是绝望还是勇气？你有没有在意识不到的情况下，习惯以一种抱怨的语气说话？你是自信地大声发言，还是喃喃而语呢？

让人们做得更好的唯一方法

许多人试图通过责骂、羞辱、威胁，或者建议别人应该做什么，来促使他们做得更好。问题是这些方法不但根本不管用，而且在大多数情况下，还会让事情变得更糟。

只有遵循人性的基本法则，让其不辜负别人的意见，恰当地履行自己的职责，那些被指控和被指责的家伙才会去做他们被期望去做的事，才会努力满足你对他们的要求。你的责骂和反对只会让别人相信，你对他很失望，你对他的评价很低，而且你会再次看到别人的行为反映出你的态度。

温斯顿·丘吉尔（Winston Churchill）是一个真正善于与人打交道的人，他曾说过："我发现，让别人获得一种美德的最好方法，就是用美德对待他。"

● 让别人知道你认为他值得信任，他就会证明给你看

在路易斯安那州的日落镇，有一位名叫罗伯特·卡斯

蒂尔（Robert J. Castile）的银行家，他是日落银行信托公司的负责人。他在没有抵押品或连署人的情况下发放了数百笔贷款，他甚至在没有父母签字的情况下，把钱借给未成年的高中毕业生。他资助了300多所大学，以帮助贫困学生接受教育。

在过去的15年中，他总共借出了50多万美元，而银行没有损失一分钱。奥妙在于，借款人知道他们拿到贷款有且只有一个原因：银行期望他们偿还，而且银行相信他们会偿还。1945年，这家银行借给一名失业男子2000美元，他没有任何资产，甚至连住的地方都没有，但在4年内，他还清了所有借款。

● 如何让别人吐露真言

最近，一位执法官告诉我，他发现，要从嫌疑犯那里获取信息，最好的办法就是告诉他："嗯，人们告诉我，你是个很难缠的家伙。你遇到了很多麻烦，但有一件事你不会做，那就是撒谎。他们说，你告诉我的任何事情都是真实的，这就是我来这里的原因。"

通过把诚实的美德赋予一个流氓，这位执法官几乎让他说出了全部真相。

第一次世界大战期间，赫伯特·胡佛（Herbert Hoover）曾主管价格监管工作。有消息传到他耳中，说中西部某个商人公然违反了价格监管条例。胡佛决定略施小计。他给这个商人发了一份电报，上面写道："你已被任命为你所在城市遵纪守法委员会的主席，"电报接着说，"如果你愿意帮助本市的商人遵守规章制度，我们将非常感激。"

这份电报像魔法一样奏效了。从那以后，这位商人不仅严格遵守规定，而且还花费大量时间和精力，说服其他商人遵守规定。胡佛使用了学校里老师们经常使用的老把戏，他们会挑出班上最吵闹的男孩，对他说："吉米，我要离开教室几分钟，我想让你来当班长，维持秩序，直到我回来。"

很久以前，美国思想家爱默生（R. W. Emerson）就说过："相信一个人，他就会对你忠诚。"

试试看，你会发现，这不是陈词滥调，而是一种有效的方法。

在不同的人眼里，我们拥有不同的"样貌"。没有哪一个人是完全好的或完全坏的。每个人的个性都有不同的方面。我们所呈现的一面，几乎总是由别人从我们身上引发出来的。不要因为你的某个朋友觉得某个人吝啬，你就也认定那个人是个古怪的吝啬鬼。可能是你的朋友把别人吝啬的一面引出来了。通过运用常识和心理学，你也许能引出他善良和慷慨的一面。不管怎样，这值得一试。

人际关系TIPS

1. 不管你意识到与否，你都在通过自己的行为和态度，来控制别人的行为和态度。
2. 你自己的态度会在对方身上反映出来，就像你站在镜子前一样。
3. 如果你表现出敌意，别人会把这种敌意反馈给你。你对别人大喊大叫，他必然也对你大叫。在别人发怒之前，如果你平静温和地行动，就可以驱散他的怒气。
4. 表现出热情，你就能激发别人的热情。
5. 表现出自信，别人就会对你有信心。
6. 从今天开始，有意识地培养热情的态度。向那位全美最成功的推销员之一弗兰克·贝特格学习，热情饱满地行动起来，你很快就能感受到热情。
7. 从现在开始，有意识地培养自信的态度。不要含糊不清地说话，好像你害怕表达出来似的，请大声地说出来。注意你的姿势，弯腰驼背意味着你觉得生活的负担太重了，低着头意味着你被生活打败了。请抬起你的头，挺直你的肩膀，迈着自信的步伐，仿佛你要去往一个重要的地方。

Chap.5
如何给人留下良好的第一印象

音乐家常常只听到一首乐曲的第一个音符，就能告诉你这首曲子是用什么调子写的。在大多数情况下，一首曲子的开头和它的基调是一致的。例如，如果这首曲子是用降 B 调写的，那么第一个主和弦就是降 B 调。你还会发现，大多数乐曲也会以同样的基调结束。

这一切与人际交往有什么关系呢？其实大有关系。

我们接近别人的方式，我们说的第一句话和做的第一个动作，几乎总是会成为整个交谈过程的“基调”。如果你一开始就和一个人插科打诨，你就很难把谈话转变为另一种基调 —— 他就是没法跟你认真起来。

世界上的每个人都在等着你告诉他们该做什么。如果你能记住，以你想要结束这次谈话的基调和他开始对话，你就可以在很大程度上控制对方的行为和态度。如果你想让他认真对待，你的第一句话就要定好基调。如果你想要公事公办，就以公事公办的语气开始。如果你想要非正式的谈话，那就用非正式的语气开始。

记住，对方会随机应变。他会在你提供的舞台上表演他的角色。除非你想在整个交谈过程中都处于被动状态，否则不要以道歉的态度开始。一个挨家挨户敲门的推销员，当家庭主妇开门时，他说："我不愿打扰您，夫人。"或者说："我不想占用您太多时间。"此时，他正在搭建一个舞台，在这个舞台上，家庭主妇只能扮演一个被打扰、被占用时间的人。

十分胆怯而害羞的卡斯帕走进一家豪华餐厅，向领班抱歉地说："对不起，我没有预订。我想恐怕没法在舞池附近有个座位了。"他没有意识到，他正在为领班的行动搭建舞台。"如果你没有预定的话，当然不能指望有一个靠中心的位置。"领班说，然后把他带到了一个角落里。

你在收音机、电视或电影中听到过"灯光、摄影、表演"这几个词。说了这几个词后，表演就开始了。摄影机开始转动，演员们开始表演。但演员们并不是随便表演的，他们正在扮演分配给自己的角色，按照事先安排好的情绪进行表演，而且他们表演的"场景"是符合舞台背景的。

不管你有没有意识到，每次和别人交往时，你都在搭建一个舞台。如果你搭建的是喜剧舞台，就不应该期望对方表演正剧。如果你搭建的是悲剧舞台，就不要指望别人有欢乐的表演。

记住，你最开始的态度、你的第一句话、你的第一个动作永远是基调。你是否听过有人说："我们就是没法待在一起，也许一开始就不应该见面"，"这注定不会成功"。这些话的意思是，某次见面或交谈没有按照我们希望的那样进行。当这种情况发生时，几乎总是因为我们定下了错误的基调。我们在开场吹响了忧伤的小调和弦，就不该对接下来的音乐如此悲伤而感到奇怪。

弄清自己想要什么，然后明确地表达出来

亚特兰大家庭关系研究所所长露丝·巴比博士曾帮助许多夫妻弥合他们之间的裂痕。但她告诉我，最大的困难是让他们在她的诊所里一起达成愿意和解的基调。

妻子说："如果他表现出诚意，我就回到他身边。"

丈夫说："我很高兴她能回家，不过她得先退一步。"

巴比博士说，在这种氛围下，让他们待在一起是没有用的，因为其中一个会设定带有敌意的基调，而交谈总是以另一场争吵结束。但如果其中一个人，或者更好的是，两个人都以"我想让你回来"的态度作为基调，那么几乎

任何困难都可以克服。

在进行任何讨论之前，最好先问自己这个问题："我真正想从这次谈话中得到什么？我想让这次谈话如何发展？我想要什么样的氛围？"然后定下一个基调，为这次谈话搭建舞台。

如何创造良好的第一印象

如果想控制别人的行为和态度，就要记住这一点：我们留给他们的第一印象，往往就是他们对我们的永久印象。第一次见面通常就奠定了基调。从那以后，要让别人改变对你的看法是非常困难的。

前几天，我和一个朋友谈起我们都认识的一位商人。"我不喜欢他，他为人刻薄，脾气暴躁，对妻子很不好。"朋友说。

我当时目瞪口呆。

"我不明白，在我看来，他是城里最和蔼可亲的人之一。我碰巧知道，他和妻子在一起很幸福。"我说。

"哦，我只知道，第一次见到他的时候，他走进他的商店，对妻子说了些难听的话。他很生气，大喊大叫，举止很可怕。"我的朋友说。

"也许他确实发了一次脾气，但这肯定不是他的惯常风格。每个人都会偶尔发脾气，我敢肯定，对他来说这是一次例外，不是常态。”我回答。

“我受不了，我不喜欢用那种方式对妻子说话的男人。不管他别的时间对妻子多么好，我永远也不会喜欢他。”朋友说。

事实上，这位商人是我所认识的最忠诚的丈夫之一。我从未见过哪个男人比他更关心妻子，也没有见过谁的妻子比他的妻子更幸福。但不幸的是，我的朋友第一次见到他的时候，就认定他是一个刻薄、专横的丈夫，这就是他的基调 —— 他永远都对妻子这样。

别人基于你对自己的评价来接受你

对于你被别人接受多少这件事，很大程度上取决于你自己而非其他人。很多人担心别人会怎么看待自己，但是很少有人意识到：世界对我们的看法，很大程度上取决于我们对自己的看法。这也是有心理学定律作为依据的，这个心理学定律和万有引力定律一样确定无疑。

爱默生曾说过，有一句值得人人信服的箴言：人人各有其分。站稳自己的立场，采取自己的态度，谁都不会表示异议。世界是公平的，每个人都可以对自己做出评价，无论你是英雄还是小人物，都不会被干涉。你衡量自己行为和存在的标准一定会被接受，无论你是鬼鬼祟祟、隐姓埋名，还是看到自己的成就高抵苍穹，与日月同辉。

如果你没有像自己期望的那样被人接受，也许你应该责备自己。如果你表现得像个无名小卒，这个世界将依据你自己设定的价值来对待你。如果你表现得好似一个重要人物，那么这个世界别无选择，只能把你当作重要人物来对待。

这里需要提醒一下。许多人认为，当他们傲慢、专横、粗鲁和目中无人时，是在向世界展示他们对自己有多么高的评价。事实上，这些表现说明的情况恰恰相反。

记住，真正对自己评价很高的人，不会为了让自己成为某个人而去做荒谬的事。有些人装腔作势，试图扮演他们所认为的重要角色，因为他们觉得有必要表现得像个大人物。他们觉得有必要做大事，是因为他们实际上觉得自己很渺小、微不足道。他们总是试图向自己证明，他们真的比自己看起来的样子要强大。

真正的大人物从来不会这样做。相反，他们是自然的、亲切的。我们的潜意识要比意识更加聪明。我们的意识可能不够聪明，无法分析和看穿人们的伪装。但我们的潜意识可以做到。潜意识告诉我们，装模作样的人根本不看好自己，他只是在自欺欺人。

例如，我认识一个人，他竭尽全力想在报纸上刊登自己的照片。刊登之后，他收集了几百份报纸，送给他认识的每一个人。有一天，我和一个朋友在谈论这个家伙，他刚刚从报纸上剪下了一张自己的照片，送给我的这位朋友。

“你知道，”我的朋友说，“我有点怀疑了，他是想让我相信他是个大人物，还是其实只想说服他自己？”

避免不知不觉给人留下坏印象

人们评判你时，不仅是看你对自己的评价，还会看你对其他事情的评价，比如你的职业、你的作品，甚至你的竞争对手。

《圣经》中有一节说：“不要评判别人，免得被人评判。”这是一篇关于人际关系的好文章。每当我们判断一件事的时候，都会留给别人一个判断我们的线索。

一位处理过许多离婚案件的律师对我说：“通常，当丈夫或妻子开始告诉我对方做过的所有卑鄙、令人不快的事情时，我对说话者的了解要多于对另一方的了解。”

● 消极的谈话和意见会给人留下坏印象

沃尔特·洛文（Walter A. Lowen）是纽约市一家职业介绍所的负责人，他在为人们寻找高收入工作方面，有着令人印象深刻的成绩。洛文从事这一行已经有30多年了，对他来说，为一个人找到年薪5万美元以上的工作是家常便饭。

他告诉每个应聘者的一件事是，在接受新雇主面试时，永远不要对现任雇主表示不满。你很想通过贬低现任老板来讨好新老板，你还想说明自己受到了多么不公正的对待。“不要这样做，”洛文说：“记住，没人愿意雇一个爱发牢骚的人。”

你有没有注意到，当你被迫与一个总是抱怨的人在一起时，你会变得多么焦躁不安？你有没有注意到，那个看不惯一切事情的家伙，是多么不受欢迎？

你对自己的工作、所在的公司有什么价值？当有人问你在哪里工作时，你会半带歉意地回答，“哦，我在某某银行工作。”好像你对这个事实感到羞耻，而如果你自豪地说：“我在这个国家最好的银行工作。”别人会更看重你。

当有人问你从哪里来时，你会下意识地说“哦，只是公路边的一个小镇”，还是会说“我来自欢乐谷——世界上最伟大的小镇”？

如果你给人的印象是你的雇主不是很好，或者你做的其他事情不是很好，那么别人就会认为你不能很好地做自己，或者你不能与这样的地方、你正在做的事情建立联系。

● **不要批评竞争对手**

令人惊讶的是，许多推销员从未认识到人们不喜欢批评别人的人，即使是批评自己的竞争对手。如果你想给别人留下好印象，就永远不要批评别人或别人的产品。相反，你要推广自己的产品。

人们不仅不喜欢消极的谈话 —— 批评当然是消极的 —— 而且，你还设置了一个消极的舞台。你为消极情绪搭建了一个舞台，然后还奇怪为什么客户没有答应你的要求。

除此之外，别人的潜意识也是足够聪明的，能够推断出：“竞争对手一定也蛮厉害的，否则这个人就不会那么害怕竞争，就不会不遗余力地去批评它。”

让人们对你说“是”

如果你搭建了一个消极的舞台，就不要期望得到“是”的回答。著名心理学家哈里·奥弗斯特里特（Harry Overstreet）在他的《影响人类行为》（*Influencing Human Behavior*）一书中说，心理学研究发现，要想得到“是”的反应，最好的方法是让别人处于“是”的情绪中。要做到这一点，你需要创造一个积极向上的氛围，而不是消极的氛围。

一个有效的规则是，先让别人对一些初步的问题说“是”。“这颜色是不是很漂亮？”或者“这是不是一种精湛的工艺？”在对方对这些初步问题回答了五六次“是”之后，再让他对你的重要问题说“是”，就容易得多了。

“是”有时也可能是消极的。在尝试采用这个建议时，不要犯我认识的一个人犯过的错误。他是一个悲观、消极的思想家，即使他提出的问题得到了“是”的回答，却制造出一种消极的而非积极的情绪。

他会问客户：“今天太热了，不是吗？”客户回答：“是的。”他会问：“世界简直是一团糟，不是吗？”然后又得到一个“是”的回答。他还会接着说：“在这种形势下，你永远不知道该相信什么。”“是的，没错。”客户会回答。

虽然他得到了“是”的回答，但他制造了一种消极的情绪。前景是如此黯淡和沮丧，在如此消极的心态下，客户不会有心情买任何东西。

悲观、消极的人不会购买商品，也不会接受建议，他们会变得谨慎和犹豫。开朗、乐观、积极的人则会购买商品或接受建议，他们更慷慨、更开放、更愿意冒险。

你的问题往往为答案奠定了基础。获得肯定回答的另一个规则是，去问一个答案隐含在其中的问题。不要问：“你喜欢这个吗？”而是说：“我相信你喜欢这个，不是吗？”不要问：“你喜欢这个颜色吗？”而是说：“这是一种漂亮的颜色，不是吗？”或者“这不是一种漂亮的颜色吗？”

帮助别人说“是”的第三条规则是：当你在问问题的时候，伺机肯定地点头。记住，你的行为会影响别人的行为。

假设对方会“听命行事”

我们前面提到过的阿尔伯特·威加姆博士说：“几乎没有什么建议比‘冷静地假设别人会做你想让他做的事’更有用了。”

皮尔斯·布鲁克斯（Pierce P. Brooks）博士是得克萨斯州达拉斯市国家银行人寿保险公司的总裁，关于让人们“听命行事”且乐意去做，他是我所知道的最成功的人之一。

当布鲁克斯博士担任达拉斯市泰勒街卫理公会教堂管委会主席时，主日学校的出勤率骤然上升，创下了世界各地卫理公会教堂的新纪录。这样的成就需要许多人共同努力与协作。当他担任得克萨斯州安全委员会主席时，达拉斯市创造了新的安全纪录，成为美国最安全的城市。当他组织美国残疾儿童基金会时，他不仅自己捐出了很多钱，而且成功地让许多商人慷慨捐赠，其中一个人把他一家公司的全部利润都捐了出来。他组织和动员人们做事的能力，不仅使他的工作顺利开展，而且使他成为备受欢迎的公民领袖。

当我问布鲁克斯博士让人们“听命行事”的秘诀时，他说：“我很少问别人是否愿意做某事。我总是试图找到一些别人想要做某事的原因，然后假设他确实想去做，并且准备去做。我让他们知道，我相信他们能做到，我对他们的能力有信心，然后放手让他们自己去做。总是不放心一个人，意味着你不相信他能把工作做好。我会假设他能干得很好，而且我很少感到失望。”

布鲁克斯博士在《有效的销售如何使我在6小时内获得成功》(*How Power Selling Brought Me Success in Six Hours*)一书中，讲述了他认为最好的销售方法之一，即冷静地假设对方愿意购买你的产品，以及如何使用这种方法。

在这里，我们再一次看到，一个人会努力实现别人对他的期望。

如果你不是自找麻烦，试着在你的孩子身上使用这种技巧。不要再用那些表明你希望被人违抗或引起争论的话语。

例如，如果你想让孩子不带反抗地早点睡觉，不要说：“吉米，亲爱的，已经很晚了，妈妈希望你快点去睡觉。”如果你想让他进屋休息，不要说：“哦，我希望你能进屋休息一会儿。我不明白你为什么要在这么热的太阳下跑来跑去。”这些陈述假设了你期望吉米提出反驳。它们假设吉米不想上床睡觉，也不想进屋休息。

相反，试试这样做：把他的被子掀开，把睡衣拿给他，亲吻他并对他说："好了，吉米，该睡觉了。"如果你想让他每天休息30分钟，那就试着设置一个闹钟，让它在休息时间开始时响铃。当闹铃响起时，走到门口，打开门，直接说："好了，吉米，你可以晚点再玩，现在休息时间到了。"

不要期望这些方法能完美地发挥作用，尤其是如果你已经那样错误地教育吉米很久，让他知道你希望他争辩和反抗。但是，这些方法比恳求或责骂更有效，也更容易让你放松神经。

当一位著名的报社记者拜访某编辑部时，他环顾四周，并没有看到任何"禁止吸烟"的标志。于是他问道："这里有禁止吸烟的规定吗？"

一位编辑回答："没有这样的规定，但这里也从来没有人吸烟。"虽然这位记者的烟瘾很大，而且被告知没有任何禁止吸烟的规定，但他发现自己根本不能吸烟，因为他知道自己被期望不要吸烟，而且这种期望的影响力是如此之大。

人际关系TIPS

1. 在和别人交往的过程中，当你们开始交谈的时候，是你自己设定了整个主题的基调。
2. 如果一开始就讲究礼节，交谈就会很正式。如果以亲切的口吻开始，交谈就是亲切的。如果准备好了公事公办，交谈就是公事公办的风格。如果你以道歉的姿态开始，对方就会强迫你一直扮演这个角色。
3. 当你第一次见到某个人时，你给他留下的印象很可能会成为他对你的永久印象。
4. 别人倾向于接受你对自己的评价。如果你认为自己是个无名小卒，实际上就是在请求别人冷落你。
5. 给别人留下深刻印象的最好方法之一，不是努力去给别人留下好印象，而是让他知道他给你留下了好印象。
6. 人们对你的评价，不仅取决于你对自己的看法，还取决于你对其他事情的看法，比如你的工作、你的公司，甚至你的竞争对手。
7. 消极的意见会造成消极的气氛。不要当一个批评者，也不要当一个抱怨者。
8. 你提问题的方式本身，就为别人的回答搭建了舞台或定下了基调。如果你想得到“是”的回答，就不要问带“不”的问题。不要问一些容易让你遇到麻烦的问题。

PART 3
结交朋友和保持友谊的技巧

Chap.6
如何利用“三大秘诀”吸引别人

那些有魅力的人格有什么奥秘吗？我们都认识这样的人，他们似乎特别容易吸引朋友和顾客。我们会说“人们被这种性格所吸引”，或者说“他总能把人们吸引到身边”。这是一种非常形象的描述，因为你不能强迫别人喜欢你，但如果你提供食物来满足人类的三种基本的“饥饿感”，你就能把他们吸引过来。

在你家后门口放一块牛排，不需要去召唤邻居家的狗，它们会不请自来。当人们听说你有我所说的三种基本“食物”，他们也会以同样的方式被吸引过来。

每个人都会回避纯粹的“好人”。友谊不会无缘无故地发生，每个人都是有所选择地交朋友。无论是有意识的还是无意识的，我们都是根据自己的需要和“饥饿感”来选择朋友的。举个例子，萨姆可能是你一生中遇到过的最友好、最体贴的人，但你可能不会选择萨姆作为私人朋友，原因很简单，因为他不能提供任何“食物”来满足你的“饥饿感”。事实上，你可能会发现自己在萨姆面前感到很不舒服。他身上一直流露出来的善良，只会让你感到内疚和自卑。所以，尽管萨姆是个好人，你却像躲瘟疫一样躲避他。

吸引别人的“三大秘诀”

每个人都渴望得到他人的接受、赞同和欣赏，这是所有人都有的三种“基本饥饿感”。

满足别人的这三种“基本饥饿感”—— 接受他们、赞同他们、欣赏他们，你就能与他们交上朋友，你可以称之为赢得朋友的“三大秘诀”。当你使用这三大秘诀并理解其背后的含义时，你会发现越来越多的人会对你产生好感。

接受别人

接受是人体所需要的“维生素”。我们都渴望自己本来的面貌被人所接受。我们希望与这样的人相处，在他面前能够轻松自在、无拘无束。很少有人有足够的勇气，在与外界打交道时完全做自己。但是，我们希望拥有这样的朋友，在他面前可以轻松地做自己，因为我们知道自己会被他接受。

那些喜欢批评、爱挑剔的人，总是能看到别人的不足之处，通常还会提出所谓“正确的”见解。对于这样的人，永远不会有人群蜂拥而至，想要成为他的亲密朋友。

不要设定死板的个人标准，认为别人应该如何行动。给别人做自己的权利。如果他有点古怪，就随他去吧。不要坚持让他去做你喜欢做的事，喜欢你喜欢的东西。当他在你身边的时候，让他感到轻松自在。

奇怪的是，那些接受别人并喜欢他们本来样子的人，在改变别人的行为时最有影响力。许多结了婚的男人，从一个鲁莽、毛躁的小伙子变成了一个成熟、可靠的公民，他会告诉你（如果你能让他谈这件事的话），使他发生改变的是“妻子对我的信任”。或者他会说：“我的妻子非常信任我，她从不批评或唠叨，只是一直相信我，我莫名其妙地就改变了。”

正如一位心理学家所说：“没有人能够改造另一个人，但是你喜欢他本来的样子，就给了他改变自己的力量。”

许多“好人”对那些本可能被他们影响的人的影响甚微，仅仅是因为他们不能接受对方的本来面貌，而是告诉对方必须有所改变，才能被他们所接受。

● 精神分析师如何帮人做得更好

你有没有想过，当一个人接受精神分析时，到底会发生什么？我说的不是电影情节，而是指现实生活。比如，一个充满恐惧和麻烦的人，他无法跟自己相处，也无法跟别人相处，但只要一周去见两次医生，和医生交谈，就能被治愈。到底发生了什么？

最近，我在一次晚宴上遇到了一位著名的精神分析师，我们谈到了人际关系中的接受问题。

他告诉我："如果人们真的相互接受，我们很快就没生意了。因为精神分析的核心在于，患者找到了一位医生，一个能全然接受他的人。这是他人生中第一次让自己无拘无束 —— 他展示自己的恐惧、感到羞愧的事，这位医生听着，没有诧异，也没有道德判断。因为患者找到了这样一个人，尽管自己有着'可耻的缺点'，但那个人表现出对他的接受，所以患者也能够接受自己，然后开始过上更好的生活。"

● 如何实现你的结婚誓言

露丝・巴比博士说，如果年轻夫妻都能把结婚仪式上的誓言铭记于心，"无论富有还是贫穷……我都接受这个男人（或女人）"，那么婚姻中的许多问题都是可以避免的。她主张："你必须接受对方的本来面貌。"

她继续说道："情感上的接受并不意味着降低你的标准，这是你对一个人的感觉，而不是你对他的看法。这是对他作为一个人的肯定。这是一种认可，从根本上说，他是一个可以被接受的人。这与他的本性有关，而不是他做什么或不做什么。"

每个人都需要这种被接受的感觉。当然，没有人能够被所有人接受，有这种想法是愚蠢的。但是，每个人都必须被那些对他来说很重要的人接受。"一个没有国家的人"所受的惩罚就是"没有人接受自己"。即使是最冷酷无情的人，即使是与全世界作对的人，也觉得有必要被接受。例如，希特勒身边就有一小群崇拜者，他走到哪里都带着他们。

● 接受是一把双刃剑

我们社会的悲剧之一就是，人们对于接受的需要，既有利于社会，也不利于社会。例如，在美国各地涌现的许多青少年帮派，毫无疑问，很大程度上是因为这些男孩在社会上没有被接受，他们通过成为帮派成员，获得了一些价值感和归属感。

另一个悲剧是，当一个人从监狱里出来时，他可能已经吸取了教训，并且只有过好生活的意图。但他很快发现，一个蹲过监狱的人是不被"好人"接受的。只有在罪犯和其他刑满释放人员中间，他才会有一种被接受的感觉。

● 如何让你的伴侣获得成功

许多大商人告诉我，他们在提拔一个男人之前，喜欢了解他妻子的一些情况。他们感兴趣的不是她是否漂亮迷人或者厨艺高超之类，而是她是否能给丈夫带来自信。

一家公司的总裁是这样说的："当妻子接受丈夫并给他一种感觉 —— 她对他这个人很满意，这就好比丈夫每次回家都打了一剂自信针。丈夫会对自己说'如果她喜欢我，也许我不是个坏人'。如果妻子看起来喜欢他并信任他，丈夫会说'也许我终究能做到'。第二天早上，他会满怀自信地走向世界，觉得无论发生什么，他都能应付。但是，当一个男人回到家，面对一个唠叨、抱怨、喜欢责骂的妻子，就可能会把他所有的斗志都夺走。妻子对他持续的不满加深了他的自我怀疑，他开始怀疑自己的能力。"

这位总裁可能还会补充说："一位接纳丈夫的妻子不仅给了他一剂自信针，还给了他一剂人情味，让他变得更容易相处。因为，通过妻子的接受，丈夫更喜欢自己了。当他更喜欢自己的时候，他就会更容易相处，变得更加细心、体贴。而另一方面，不断唠叨的妻子所得的与她想要的恰恰相反。她让丈夫更少地喜欢他自己。丈夫的自尊越低，他就会越容易发怒，越爱挑剔。这也许就是她应得的回报吧。"

当然，我所说的关于妻子的一切，也同样适用于丈夫。

男人也可能比女人更爱唠叨，而讽刺挖苦、吹毛求疵、自我泄气的丈夫，想必也得到了应有的回报。

赞同别人

第二个秘诀是赞同，每个人都渴望得到赞同。

赞同比接受更进一步。相比之下，接受大多是关于消极的东西。我们接受别人的缺点和错误，仍然跟他建立友谊。但赞同意味着更积极的东西。它不仅仅是容忍别人的缺点，我们还会发现一些让人喜欢的积极元素。

你总能在别人身上找到自己赞同的东西，也总能找到不赞同的东西。这取决于你在寻找什么。如果你是一个消极的人，就会总是在寻找缺点，寻找你不赞成的东西。而如果你是一个积极向上的人，就会寻找自己赞同的东西。

消极的性格确实会暴露出我们最坏的一面，因为它会强调我们身上所有的问题。积极的性格通过突出它所赞同的东西，从而展现出我们身上的优点。我们沐浴在别人赞同的阳光下，这种感觉是如此之好，以至于我们开始尝试发展其他的品质，以获得更多赞同，并再次获得那种良好的感觉。

● 如何治愈“熊孩子”

不久前，一位儿童心理学家告诉我，有个男孩被带到他面前，被贴上了“不可救药”的标签。这个孩子被认为是无法控制的。他喜怒无常，起初甚至不愿和心理学家谈话，似乎根本没有抓住他的“把手”。这位心理学家从男孩父亲的话中得到了线索，他父亲说：“这孩子身上没有一点让人喜欢的特质，一点也没有。”

这位心理学家开始从这个男孩身上寻找一些他能赞同的东西。结果，他发现了好几点。这个男孩喜欢雕刻，而且做得很好。在家里，他把家具都拆了，因此受到了惩罚。心理学家给他买了雕刻工具，包括一套刻刀，还有一些软木。他还告诉男孩如何使用这些工具，同时对他表示赞同。他说：“你知道吗，吉米，你比我认识的任何一个男孩都雕刻得更好。”

而且，心理学家很快又找到了男孩身上其他值得赞同的东西。有一天，出乎意料地，吉米在没人要求的情况下打扫了自己的房间，大家都感到很惊讶。当心理学家问他为什么这样做时，他说：“我想你会喜欢的。”

● 特别的赞美

我们都渴望得到赞美。并不一定非得是什么大事，才能满足我们的“饥饿感”。赞扬一个股票经纪人买卖股票的能力，这对他影响不大。他很可能认为你只是在奉承他，因为他作为股票经纪人的成功是显而易见的。但是，如果你让他知道，你赞叹他在木炭上烤牛排的技巧，他会衷心为你祝福。

赞美别人时要记住一条规则：如果你赞美别人一些并不明显的优点，他们会更喜欢你的赞美。如果一个人拥有健美的体格，他很可能已经知道这一点，而且在他的头脑中，这一点是毫无疑问的，他不需要任何确认。但他可能同时擅长其他不那么明显的事情，只要你找出来并赞美它们，就会让他倍感欣喜。

欣赏别人

最后一种“基本饥饿感”是想要得到别人的欣赏。

“欣赏”（appreciate）这个词的真正含义是提升价值，或者说与“贬值”（depreciate）是对立的，后者意味着贬低价值。我们总是在寻找能提升自己价值的人，而不是贬低我们价值的人。

最近，皮尔斯·布鲁克斯博士告诉我，他的保险公司之所以成功，在很大程度上归功于这句格言：“我们欣赏我们的代理人。”当我问起如此简单的座右铭如何能实现这样的奇迹时（一本权威的保险杂志最近把他公司的发展描述为“奇迹”），他指出，欣赏与贬值恰好相反，欣赏可以提升价值。

布鲁克斯博士说：“我们高度重视代理商的价值，让他们知道，我们非常看重他们。任何公司的成功都取决于其代理商的成功，他们对我们来说非常重要。我们认为他们是行业中最好的，与他们的所有交往都是在这个基础上进行的。当你欣赏一个人的时候，实际上你会让他更有价值、更成功。”

● 别人对你很有价值

停下来想想，别人对你有多重要——你的妻子、丈夫、孩子、老板、员工、客户。在你的脑海中强调他们的价值，然后想办法让对方知道你很看重他。永远记住，人是地球上最重要、最有价值的东西。

这里有几种表达欣赏的方法。动动脑筋，你还能想到更多。

1. 如果可以的话，不要让别人久等。

2. 如果你有一个不能立即会见的来访者，请告知他，你知道他到了并且会尽快见他。

3. 向别人表示感谢。

4. 认为别人是“独一无二”的。

最后一条值得多说几句。对一个人来说，世界上最令人泄气、最“贬值”的事情之一，就是被常规对待。我们都希望被视为“独一无二”的人，因为自己的独特价值而被认可。如果玛丽发现约翰对所有女孩都说同样的话，她会觉得约翰在贬低她的价值。她更希望他的老套情话只为她一个人而说。

布鲁克斯博士告诉我，他曾向潜在客户发送过一封信件，内容与他正在开发的一个新部门有关。当信件的开头是“亲爱的朋友”时，几乎没有任何回音。于是他更改了几个字，写上了收件人的姓名，如“亲爱的史密斯先生”，之后就收到了许多回信。

● 一对一地交谈

人们不喜欢被划分成某个宽泛的类别，诸如“客户”“群众”“儿童”“已婚夫妇”等。他们希望被认为是一个独特的个体。

有人说“所有的客户都是一样的”，无论他们明白与否，这些人已走在破产的路上。如果一个女人说“所有男人都是一样的”，那么她很可能会孤独终老。许多人喜欢把别人统称为“客户”，但这样做毫无益处。

记住，无论你在做什么，永远都不会和抽象的“客户”打交道，而是在和一个具体的人打交道。永远不要学习如何与人们交往，而要学会与某一个人交往。世界上到处都是个别的人，而人们只是一个抽象的名词。

● 我们都希望受到单独而特殊的对待

我们喜欢去那些自己可以受到特殊对待的餐馆。这不需要多复杂，也许只是领班能叫出你的名字，对你说："琼斯先生，你一定会很高兴，今晚我们有烤肉串。"

"我们通常不这样做，但您是个例外，我要给您破个例。"听到这样的话时，我们就会感到脸上有光。

"史密斯太太，我会亲自处理这件事，一定不会让您失望。"

"任何人都不能试穿这条裙子，但您可以这样做。"

这个魔法甚至对小孩子也会起效。他们不喜欢被当作儿童，而喜欢被当作单独的人，比如吉米·琼斯。不要拿他和街上别的孩子比较，这样只会贬低他的价值。许多男人在介绍家庭成员时，会单独介绍他的妻子——"这是琼斯夫人"，然后却对三个孩子不屑一顾，随手一挥——"这些是我的孩子"。为什么要把他们去个性化？为什么不像介绍其他人一样介绍他们呢？

出于同样的原因，当你见到一个青少年时，要像见到一家银行的总裁一样。不要只是挥手说"嗨"，而应该上前握手说："你好，迪克，很高兴见到你！"

● 向大自然学习

人类应该向花儿学习。花儿知道如何吸引蜜蜂，让蜜蜂给它们授粉。花儿需要蜜蜂，但它们没有恳求、责骂或胁迫，而是吐出几滴花蜜。花儿知道蜜蜂渴望花蜜，它们为饥饿的蜜蜂提供了食物。

如果你仔细分析一个富有魅力的人，你会发现，他也提供了“食物”，来满足人类基本的“饥饿感”。

有句古话说：“蜂蜜比醋更能吸引苍蝇。”通常，这句话被解释为，你应该用“甜言蜜语”来表达你的想法。然而，如果你仔细观察，就会发现蜂蜜之所以能吸引苍蝇，仅仅是因为它是苍蝇想要的食物。端出一碗蜂蜜，你不必在大街上高声叫喊，也不必兴师动众来说服苍蝇，它们会不请自来的。

当你拿出上面所述的三种基本“食物”，就可以期待人们成群结队地涌向你。

人际关系TIPS

1. 一个富有魅力的人的真正秘诀是：为别人提供他们所渴望的“食物”。人们对某些东西的渴求，就像苍蝇对蜂蜜的渴求一样。
2. 使用三大“秘诀”来吸引别人：

接受。接受别人的本来面目，允许他们做自己。在你喜欢一个人之前，不要坚持任何人都能变得完美。不要设计一件道德约束的外衣，期望别人为了得到你的认可而穿上它。最重要的是，不要为接受别人而讨价还价，不要说：“如果你这样或那样做，或者改变你的方式来适应我，我就会接受你。”

赞同。在别人身上寻找你赞同的东西。这可能是一些微不足道的东西，但是，让对方知道你真诚地赞同它们，你能够赞同的事情就会越来越多。当对方得到你真诚的赞同时，他就会开始改变自己的行为，这样他就会因为别的事情而得到更多赞同。

欣赏。欣赏意味着提升价值，而不是贬值，后者意味着降低价值。让别人知道你很看重他们，把别人当作对你很有价值的人。请记住，不要让别人等待，对别人表示感谢，给他们特殊的个人待遇。

Chap.7
如何让别人立即感到友好？

你认识那些见谁都熟的人吗？他似乎马上就能交到朋友。在公共汽车上，他坐在一个人旁边，两个人马上就像老朋友一样聊起来。他去拜访一个客户，两个人刚开始打交道，就好像是一辈子的老朋友一样。

另一方面，我们也都认识这样一些人，一旦你了解他们，会觉得他们“人很好”，但就是很难去接近。

第一类人似乎具有某种魔力，就好像他可以打开别人友情的开关；而第二类人则“难以了解”，在这个世界上很难与人相处。当他们和别人开始热络时，那些见谁都熟的人已经谈好生意，扬长而去了。

如何使用开启友情的神奇开关

在上大学的时候，我就领教了这些见谁都熟的人。在女孩子面前，我是个有点腼腆的人。如果看到一个漂亮的女孩，我想和她约会，但我会告诉自己："她不会喜欢我直接去约她的。她可能会觉得我'太嫩了'。也许她已经有人约了，可能和学校里最帅的男孩是好朋友，甚至不会考虑和我出去玩。"

所以，我会坐下来，考虑怎么介绍我自己，以及要对她说些什么。有时候，我会鼓起勇气跟一个陌生的女孩交谈，我会走到她跟前，喃喃地说出准备好的一小段话，女孩十之八九都会做出我意料之中的反应。她要么摆出一副愤慨的样子说"我不想认识你"，要么就是被我笨拙的举止逗得乐呵呵。

后来，我和我的室友一起行动，一切都变得不同了。他就是那种见谁都熟的人。他会走向一个从未见过的女孩，然后开始聊天，两分钟后，他们就会像老朋友一样谈笑风生。从来没有人认为他"太嫩了"。事实上，她们似乎很喜欢他大胆的做法。

● 按照自己的期望行事

终于有一天，我让室友告诉我他的秘诀。他说："你要相信别人会喜欢你。”有了这个线索，我开始更仔细地观察我的室友。他在校园里也很受男生的欢迎，就像受到女生的欢迎一样，每个人似乎都喜欢他。他甚至对教授们也施了魔法。他在课堂上制造过一些麻烦——我却可能会因此被赶出教室——然而教授们只是笑了笑，认为他是个好学生。

当我看着他跟人打交道时，我注意到他总是表现出很自信的样子，好像对方的友好回应是注定的。因为他相信别人会喜欢他，所以他就表现得好像他们会喜欢他。

简而言之，他所做的就是：**按照自己的期望行事**。

我注意到的另一件事是：因为他完全相信对方会很友好，所以他不惧怕别人，他没有任何防御。

恐惧使他人远离我们

恐惧是快速了解别人并建立友谊的最大障碍之一。你害怕别人不喜欢你，所以你躲在自己的壳里，就像一只认为自己会被攻击的蜗牛一样。人们无法接近你，因为你深藏在自己的防御外壳里。而且，因为我们自己的态度会传染，会对别人产生影响，所以对方也开始退缩。

在人际关系领域，没有什么比这更真实的了：如果你的基本态度是认为别人不友好，或者“人们就是不喜欢我”，那么你的经历将证明这一点。但如果你的基本态度是“大多数人都很友好，并且想对我友好”，那么你的经历也将证明确实如此。

● 主动出击，赢得友谊

克服对别人会怠慢你的恐惧。去冒险吧，把赌注押在他人的友善上。你不会每次都赢，但胜算也不小。记住，大多数人都渴望友谊，就像你一样。这是一种普遍的渴望。别人之所以并不总是表现得友好，原因可能正是他害怕你，害怕你会拒绝他。

主动出击，不要等待别人发出友谊的信号。迈出第一步，然后你很可能会看到他也变得热情起来了。

● 不要太心急

我们都知道，有些人急于赢得别人的认可。他们大肆献殷勤，让自己变得迷人，拼尽全力去唤起对方的友好感情。

大多数人也都知道，大肆献殷勤的人很少受到欢迎。

我们都认识这样一些男孩或女孩，他们拼命地想结婚，结果把所有的对象都吓跑了。这些男孩女孩中有许多人长得帅气、漂亮，拥有所有令人向往的特质。如果他们不过于急切地去做自己想做的事情，就不会有任何麻烦了。

很多时候，那些非常想得到某份工作的人，因为处处彰显自己，最终反而没有得到。不久前，我和两个朋友共进午餐，他们提到了一个共同认识的人，名叫比尔。

“比尔升职了吗？”

“据我最新听到的消息，他还没有升职。”

“到底哪里出了问题？他完全有希望升职。他有这个能力，也具备其他的条件。”

“我不知道问题出在哪里，可能是他太心急了。”

放轻松，你就会受人欢迎

在任何人际关系中，过分焦虑，让别人知道你对想要的东西垂涎三尺，这是没什么好处的。

人们有一种强烈的自然倾向，如果你对别人做的事过度热心，他就可能会暂缓行动。他的本能会使他更强硬地讨价还价，或者他可能会怀疑事有蹊跷。当你给他的印象是你非常想采取行动，表现得急不可耐，就会让他纳闷你为什么这么拼命，然后怀疑就会悄然而至。

当一个人来乞求友谊时，你的倾向是远离他。这并不是源于人性的某些反常特质，这符合我们一直在谈论的心理学定律。讨好卖乖的人很害怕别人会不喜欢他，或者不会做他想让对方做的事。他没有对自己说：“我知道别人会喜欢我。”而是对自己说：“我非常害怕别人不喜欢我。”这种态度无疑会传递给对方。讨好卖乖的人对自己没有任何信心。

这里的诀窍就是，不要为了讨好别人而把自己累垮。放轻松，要知道别人很友好、很通情达理。然后，你就会在和别人打交道时保持冷静、镇定。

你可以做的一件事就是微笑。当你微笑的时候，几乎不可能感到担心和焦虑。微笑就是一种放松，代表了自信，表明你知道对方会如你所期望地那样行事。

微笑创造奇迹

关于我的大学室友，我注意到的另一件事是：他总是面带微笑。他是我见过的笑容最灿烂的人。如果你回想那些容易交往的人，你会发现他们毫无例外地都是喜欢微笑的人。他们很开朗，经常开怀大笑。一个真诚的微笑，就像一个“魔法开关”，能够立即让别人产生友好的感觉。

● 微笑代表什么

一个真诚的微笑向别人传递着许多信息。它不仅说明“我喜欢你，我想和你做朋友”，而且还表明“我想你也会喜欢我”。当一只小狗摇着尾巴走到你跟前时，它仿佛在说：“我相信你是个好人，你喜欢我。”

微笑传递的另一个重要信息是:“你值得我对你微笑。”伯纳罗·奥弗斯特里特在其著作《了解自己和他人的恐惧》中说:“我们对别人微笑，别人也会对我们微笑。在更深层的意义上，他的微笑反映出我们让他体验到了突然的幸福。他微笑是因为我们的微笑让他感觉到了自己的价值。可以说，我们从人群中挑中了他，将他与别人区分开来，并赋予了他个人价值。”

● 发自内心地微笑

声乐老师总是告诉他们的学生要“深呼吸”，让他们的声音来自“很深的地方”。

如果你想让微笑帮你交到更多朋友，它也必须来自内心深处。在这种情况下，它不是来自横隔膜，而是来自你的内心。如果微笑只是嘴上的动作，那是没有益处的。记住，影响别人的不是花招，而是你对他们的真实情感。

关于如何微笑，我遇到过的最好的建议是约瑟夫·肯尼迪(Joseph A. Kennedy)给出的，他在一本名为《放松去销售》(*Release And Sell*)的小册子中写道:“学会发自内心地微笑，是你的情感触动了顾客的潜意识，而不是你的面部表情。有意识地试图通过操纵你的嘴部肌肉来微笑，这是弊大于利的。相反，忘掉你的嘴巴，在心里微笑。想象一下，你的内心充满了‘微笑’。当你这样做的时候，你是放松的，因为你的内心不可能既感到友好，又感到紧张；也不会既感到放松，又感到敌意。”

● 让我们面带微笑吧

很多人不经常微笑或者缺乏真诚的微笑，一个简单的原因就是我们习惯抑制自己的真实情感。我们所受的教育是，向外界展示自己的情感是不太好的。我们尽量不流露情感，也不将其表现在脸上。也许，你会认为自己没有一个好的微笑，永远也学不会迷人的微笑。

然而，我的经验是，每个人都拥有美好的微笑。这是每个人身上都有的东西，只需要将其释放出来。克服对流露真实情感的恐惧，然后放松，微笑就会自然流露出来。因为当你感到别人友好、这个世界美好时，你必然会保持微笑。

你所需要做的只是练习一下如何表达自己的情感。你会发现你练习得越多，就越不会拘谨。我曾见过一些人，他们平日里总是愁眉苦脸，面无表情，但只要每天练习释放情感，他们就会露出迷人的微笑。当你感受到别人的友好时，就放开自己。不要因为你的表情在说“我很高兴见到你”，而感到羞愧和不自然。

● 如何使用“魔镜”

试着每天早晨对着浴室的镜子练习。记住一些令人愉快的事情，一些你真正喜欢并从中得到乐趣的事情。然后放轻松，让这种感觉展现在你的脸上。想想今天可能发生在你身上的所有美好的事情：你仿佛看到自己把产品推销给了拜访的每个客户，成功地与所遇到的每一个人打交道。想象出那种美好的感觉，然后把它们表现出来。

你觉得这样做很傻吗？你不相信这样简单的事情会改变人们对你的反应吗？弗兰克·贝特格曾在《生活》杂志上撰文，讲述他如何通过每天早晨的微笑练习，在非常短的时间内重塑了自己的个性。不久，他发现人们对他变得热情起来，以更友好的方式接待他，他的销售业绩也开始飙升。

● 如何培养真诚的微笑

如果你一开始想象不出微笑的感觉，也不要担心。不管怎样，先去做微笑的动作吧。对着镜子说“茄子”这个词，让嘴边的肌肉活动起来，你就会开始感到自己更乐观了。人类的行动影响着感情，就像感情影响着行动一样。心理学家威廉·詹姆斯（William James）曾经说过，当你的嘴角上扬时，你不可能感到悲观；当你嘴角向下时，你也不可能感到乐观。

进化论的奠基人查尔斯·达尔文（Charles Darwin）写过一本鲜为人知的科学著作，名为《人类和动物的情绪表现》（*Expression of Emotions in Man and Animals*）。在这本书中，他探讨了为什么我们的肢体语言与特定的情绪相匹配，并得出了这样的结论：在我们的习惯系统中，情绪和表现是如此紧密地联系在一起，以至于只有当你表现出来，你才能真正感受到一种情绪。

微笑本身就能让你感受到亲切。对着镜子练习，可以帮助你培养出真诚的微笑，因为它迫使你使用正确的嘴型，做出真正的微笑，而不是虚假微笑的动作。那些做出虚假、肤浅的微笑的人，其实根本没有在笑，他们甚至没有使用正确的嘴型。如果他们能在镜子里看到自己，就会意识到自己根本没有在笑。这就是为什么假笑的人不能通过笑的动作来获得真正的友谊。他们做出的是假笑的动作，而他们传递的情感也是虚假的情感。

每个人看到一个真正的微笑时都能辨认出来。在镜子前练习，直到你看到一个真正的微笑。许多人从未了解过真正的微笑是什么感觉。

● 测试微笑的力量

最近，我给俄亥俄州和邻近几个州的一家著名乳制品连锁店的员工做了一次演讲。演讲的内容包括了一些关于微笑的暗示，以及正确使用微笑可以产生的魔力。

几个星期后，我有机会见到一位聆听了这次演讲的秘书。她非常激动，急于告诉我她的一些奇妙发现。在听了我的演讲之后，她决定检验一下我的“微笑理论”。她选择在第二天中午去商店购物时进行测试。

那天雨下得很大，非常潮湿，总的来说令人不快，有些压抑。尽管如此，商店里还是挤满了人，她觉得买不到自己所需要的5件商品，因为它们分别在3家不同商店的不同柜台里。

这时，她想起了我的建议：在说一句话之前，先给别人一个大大的微笑。结果，她在30分钟不到的时间内买到了所有的东西。她从来没有在这么短的时间内买到这么多东西。她真的很激动，因为她得到了最好的服务，在所有的商店都得到了最好的待遇。有一个柜台被一大群妇女包围，她们焦急地等待着。她们中的大多数都愁眉苦脸，满脸不耐烦。当这位年轻的女士引起售货员的注意时，她向对方报以灿烂的微笑，然后优先得到了招待。

● 利用你的百万财富

如果你不对别人微笑，就像你在银行里有100万美元却没有存折。微笑是你人际关系账户里的百万美元资产。根据我长期与人打交道的经验，以及在我的“人际关系诊所”

里指导人们培养微笑的过程，我得出了一个结论：每个人的内心都潜藏着价值百万美元的微笑。

● 没有什么比微笑更具魔力

还有什么能比微笑更具魔力呢？

在给别人赞美时，带着微笑，它会让赞美更深入人心。

请求别人的帮助时，带着微笑，他会感到不得不答应你。

接受别人的帮助时，带着微笑，对方会因此更感激你。

即使有时你不得不说一些“忠直之言”，一个微笑也可以让“忠言不逆耳”。

如果一个人说话的时候带着微笑，那么他说的任何话几乎都是“正确”的。

第一次遇见某个人时，带着微笑，他会感觉已经认识你一辈子了。

即使你拥有全世界的财富，你也买不到像微笑一样的灵丹妙药。上帝给了你这件珍贵的宝贝，你所要做的就是把它拿出来，拂去灰尘，好好利用。

人际关系TIPS

1. 因为双方都不敢迈出第一步，所以人际关系经常陷入僵局。
2. 不要等待别人的暗示。假设对方是友好的，并采取相应的行动。
3. 按照自己的期望行事，表现得好像对方会喜欢你一样。
4. 主动出击，赢得友谊。这永远是一场赌博，赌别人是友好的，你有99%的机会能赢。不去赌，你每次都会输。
5. 不要太心急，不要太焦虑，更不要为了让别人喜欢你而把自己弄得筋疲力尽。记住，有些东西就是太迷人，让你太过努力，最后得不偿失。
6. 放轻松，认为别人理所当然会喜欢你。
7. 发挥微笑的魔力，让别人热情起来。
8. 从今天开始，在浴室镜子前练习，培养真诚的微笑。当你看到一个真正的微笑时，你就知道它是什么样子的。镜子会告诉你，你的微笑是真诚的还是虚伪的。而且，做微笑的动作会让你养成习惯，然后让你更加喜欢微笑。

PART 4
有效的说话技巧助你成功

Chap.8
如何培养你的说话技巧

如果说话是你在人际关系中的弱点之一，我强烈建议你阅读哈里·西蒙斯（Harry Simmons）那本有趣且有用的书——《如何通过说话获得成功》（*How To Talk Your Way To Success*）。

在企业管理和人际关系领域工作了25年的西蒙斯说，成功往往不仅取决于你的工作能力，还取决于你是否会说话。

当我第一次听到西蒙斯这本书的书名时，我觉得有点夸张。但后来我开始琢磨我所认识的成功人士，顺着这份名单往下看时，我发现他们每个人都是健谈者。

幸福依赖于交谈

《生活》杂志的编辑总监威尔弗雷德·芬克（Wilfred Funk）对数千名成功人士进行了研究，寻找他们的共同特征。他发现这些人都有一个共同点，那就是善于交谈。他发现赚钱能力和说话技能紧密地联系在一起，你大可期望通过提升说话技巧来增加你的收入。

我们的幸福在很大程度上也依赖于自己的说话能力，即是否能够通过说话向别人表达自己的想法、愿望、抱负或失望。独自探险归来的探险家会告诉你，他们最怀念的就是与别人的闲聊。精神病学家发现，许多人之所以不快乐，是因为出于某种原因，他们无法表达自己，无法将自己内心的想法和情感表达出来。

如何发起一场交谈

许多人在这方面有障碍，因为他们不知道如何开启谈话，尤其是和陌生人的谈话。他们有很多有趣的想法，但不知道如何启用它们。他们克制自己，因为他们觉得，突兀地对人类或万物的本性发表一番深刻的评论，似乎显得有点愚蠢；或者他们担心，如果说一些老套的话，比如“嗯，看起来好像要下雨”，别人会认为他们乏味或肤浅。

威廉·詹姆斯曾一针见血地说，许多人觉得自己很难成为优秀的谈话者，是因为他们“要么害怕说一些过于琐碎和肤浅的话，要么害怕说一些不真诚的话，或者害怕他讲的东西对交谈者没有价值，或者在某种程度上不太适合某个场合”。

他的补救之道是：“只要人们松开心灵的刹车，让自己的舌头随心所欲、毫无顾忌地摇摆，谈话就会活跃起来，社交也会让人振奋。”

● 不要追求完美

约翰·墨菲曾在《生活》杂志上发表过一篇文章，题为《不要试图变得完美》（*Stop Trying to Be Perfect*），他写道：

> 没有人能每时每刻都在闪耀。我们无法通过绞尽脑汁，构思出妙语警句和文学作品。但当我们放松下来，不再害怕做自己时，它们则会出乎意料地流露出来……拉斯金（Ruskin）曾经说过，只有当他不刻意去写的时候，他才能写得好。亨利·詹姆斯（Henry James）曾给一位朋友写道：“人们经常问我‘你在思考什么’，可我还没有开口说出来，我怎么知道自己在想什么？”
>
> 我们大多数人对自己被赋予的期望，都有一

个完全错误的心理图景。但你知道，莎士比亚是不忌俗套的。翻开他的任何一部经典作品，你都会发现一些冗长乏味的段落……

上周，我记录了三位最受欢迎的主持人在电视上的谈话。以下是几句实例："是真的吗？""真想不到！""真是了不起！""你是怎么知道的？"

即使是最激动人心的谈话，也有50% 的内容不仅老套，而且没什么意义……至少在开始时是这样。在一段预热之后，当思维的"车轮"转动时，只要谈话者不太在意谈话本身，整个谈话就可以变得很有创意。这个过程有点像开采黄金。任何一个头脑正常的探矿者，都不会拒绝没有检测出24k 金的矿石，或者为挖掘出这样的矿石感到羞耻。除非你愿意一开始就带走大量无用的岩石和泥土，以获取里面少量的黄金，否则你永远不会在矿脉更丰富的地方开采下去。

● 闲聊不精彩是很正常的

每个人都很平庸、俗套。每个人都会参与这种闲聊，不需要说任何聪明或有意义的话。这种闲聊是必要的，可以使思维的"车轮"转起来。一旦你意识到了这一点，并且不再担心表现迟钝，你会发现自己也可以开始一场交谈，即使是和一个完全陌生的人。你可能会惊讶地发现，在很多情况下，你说的都是风趣幽默的话，只是你没有这样做而已。

● 如何让对方热情起来

在开始谈话时，需要经历一个预热阶段。不要期望交谈一开始就很火爆。让我们听听电视上的专家是怎么说的。他们知道，闲聊不仅可以为他们开启一段对话，还可以用来预热气氛，让对方放松。他们经常会问对方："那么，你叫什么名字？你来自哪里？你丈夫是做什么的？你有几个孩子？你打算在这里待多久？你是搭乘什么到纽约来的？"他们在让对方"热身"之前，不会试图从对方那里引出任何有趣的想法。

你可能会问：谁会关心这些问题？当然，这些问题当中没有什么聪明才智可言。然而，它们确实让谈话开始了，而且可以把对方调动起来。

● 如何让别人开始有趣的谈话

听听这些专家给出的答案吧。当嘉宾说她来自苏城时，专家说："来自苏城啊。"当她说自己已经结婚并有5个孩子时，专家说："5个孩子，好吧，真想不到！"

这些专家既不迟钝也不愚蠢，但他们继续这样做，给出完全空洞和陈腐的回答。与此同时，他们却和对方相互熟悉、热络起来。很快，他们就会引出有趣的事实和巧妙的评论，打造出活跃的现场。

那么，如果这些专家因为他们的说话技巧而每周拿到几千美元的薪水，他们也不能马上进入主题，你为什么要求自己做到呢？如果他们不怕俗套和肤浅，你为什么要害怕呢？

● 让别人谈谈他自己

下次当你被引荐给别人，而想不出要说什么的时候，请从这些电视和广播专家身上学习经验。试着用下面这些问题让对方变得热情：

“琼斯先生，你是哪里人？”

“你打算在这个城市待多久？”

“你觉得这里的天气怎么样？”

“你成家了吗？”

“你是做哪一行的？”

确实有一些话题能让人热情起来，因为它们会让别人谈论自己。这些话题可以体现出你对别人的兴趣，可以打破坚冰，使对方“解冻”。你不需要努力寻找别人擅于谈论的话题，你们可以谈论一个他对此就是专家的话题——谈他自己。

"发起"这个词在谈话中很有意义。你发起一场谈话，就像燃起一堆篝火。你不能指望一开始就有一场熊熊燃烧的大火。首先，你只是划了一根小火柴。我们常说在谈话中"破冰""解冻"，这个事实表明，我们在潜意识中认识到，愉快的交谈需要一个"热身"的阶段。

● 如何打破与陌生人交谈的僵局

你会发现，你可以用同样的方法，在飞机、公共汽车和火车上与陌生人交谈。你会使自己的旅行更愉快，并且很可能遇到一些人，他们会成为你永远的朋友。不要努力去找一些深奥或显得聪明的话题来聊，只需要评论一下身边的事情即可。比如：

"哎呀，看来我们的车子终于要开动了。"

"这里太热了，真希望前面的人能把窗户打开。"

另一个好方法是提问题。向别人问问题不仅会让对方热情起来，打开他的话匣子，而且会让对方感觉很好，因为他能帮你一个小忙。

"你能告诉我现在几点了吗？"

"这架飞机什么时间到堪萨斯城？"

"河滨巴士从这里经过吗？"

很简单是吗？当然了。谈话就是这样开始的。大多数人之所以不能开始交谈，就是因为他们太努力了，试图把简单的事情复杂化。

“掉头”和“绿灯”让谈话顺利进行

做一个好的谈话者的关键，并不在于你可以说出多少妙语，或者讲述多少英雄经历，而是打开别人的心扉，让对方开口说话。

如果你能鼓励别人说话，你就能获得一个会说话的好名声。而且，如果你能让别人开口说话，并让他继续说下去，那么在你说话的时候，他一定会对你产生热情，更想知道你的想法，更容易接受你的观点。

最近，一个朋友告诉我，为了更好地欣赏海湾里正在举行的划船比赛，他曾多次尝试去一个钓鱼码头，但都没有成功。每次都有警察拦住他。警察会说:“那里的人已经太多了，在那些人离开之前，我不能让任何人上码头。”

我的朋友说:“我们一行有4个人，其中包括一位很健谈的女士。当我第三次被拒绝时，她说让她试试。她过去和警察谈了大约5分钟，然后示意我们过来，警察让我们过去了。当我问她到底对警察说了什么时，她告诉我，‘哦，我没有问他我们是否可以去码头，我只是和他聊了几句。我问他，站在太阳底下是不是热得要命。我说，要管理这么一大群人一定很不容易。他告诉我他多么喜欢钓鱼，诸如此类，然后我就说我们到这里，特别想看比赛，但是非常失望，因为在海堤上看不到任何东西。然后他大声说：‘你们为什么不到码头上去，从那里可以看得很清楚。’”

这个故事很好地说明了让谈话对自己有利的一个秘密：把谈话的焦点从“我”转向“你”，就会有神奇的事情发生。也可以这样表达：让你的谈话“掉个头”，对方就会给你“开绿灯”。

在交通中，“掉头”也许不是什么好事，但在交谈中，这是必要的。如果使用恰当，“你”将是一个神奇的词。大多数人都倾向于把话题转到“我”身上。当我们这样做的时候，别人往往会给我们一个红灯。这就是我的朋友在码头上遇到警察阻拦的原因。他只是走过去，然后谈论“我想怎样”——“我想去那个码头。”“你能让我过去吗？”这当然是不奏效的。

警察给了他一个“红灯”，拦住了他的去路。而且我们怀疑，这名警察是否听清了他说的每一句话。他可能很早就在心里开了红灯，把对方拒之门外。

与之相反，那位女士走过去，开始谈论警察，在谈话中强调“你”，让他变得热心和友好起来。结果警察不只是给她开了绿灯，实际上是邀请她去码头上。

请记住这本书前几章里所说的，一个人自始至终总是对自己最感兴趣。请应用这一知识吧，意识到“掉头”是谈话中的前进信号，而“我”是一个停止信号。

● 如何通过提问引起别人的兴趣

通过问别人“为什么”“哪里”“怎么样”，可以把谈话转向对方的兴趣点。

当一个人说：“我在印第安纳州的家有一块25英亩[①]的地。”你不要插话说：“嗯，我在得克萨斯州有500英亩地，上面有50口油井。”相反，你应该问他：“在印第安纳州的什么地方？你在那里有什么来着？”

如果他说他有一艘渔船，你不要说：“我跟你说，我有一架私人飞机。”相反，你应该问：“它有多长？发动机在舷内还是舷外？你什么时候买的这艘船？”

“你为什么买这艘船？”

“你是怎么打理它的？”

“你刚才说什么来着？”

类似这样的问题，会让你成为别人所见过的最有趣的谈话者之一。

---

① 1 英亩约合 0.4 公顷。

如何避免人际关系中的致命错误

记住，人类天生就是自私的。他们自始至终只是对自己感兴趣，对自己的想法、工作、家庭、故乡感兴趣。即使像“你从哪里来”这样的问题，表明你对别人感兴趣，目的也是让对方对你产生兴趣。

不要像一位年轻的剧作家那样，在谈论自己和自己的剧本整整两个小时之后，对他的女朋友说：“谈我已经谈得够多了，让我们谈谈你吧。你觉得我的剧本怎么样？”

记住，你也是一个人。你很自然地想要一开始就谈论自己。你想要表现自己，想要给别人留下深刻的印象。但事实是，如果你把话题转向别人，你在他心目中的地位会比你只谈论自己时高得多。他会因此对你有更高的评价，会认为你是一个非常聪明的人。

这里可以遵循的一个规则是，在心里问自己：“在这种情况下，我真正想要的是什么？”你想要炫耀和膨胀你的自我，还是想要与别人合作，让他在文件上签字，得到他的善意和许可？如果你只是想夸耀自己，那就只管谈论自己吧，不要期望从谈话中得到其他任何东西。

● 何时谈论自己

公众演讲者会热情地谈论自己，他们讲述自己的经历、自己的旅行、自己的壮举、自己的创意。但请记住一件事：这些人是被邀请谈论自己的。他们被要求谈论自己，观众也知道自己为何而来。台下不是被俘虏的听众，而是自愿的听众。举个例子，在座的人们事先知道，他们将听到乔·海里切斯特（Joe Hairychest）演讲"我在非洲荒野中的冒险"。

除非你租用了一个大厅，并且事先登了广告，否则你的听众不会知道，当他们与你交谈时，他们将被"俘虏"，被迫去听你的"丰功伟绩"。

当你被邀请并被要求介绍自己的时候，才是你谈论自己的时间。你可以相信，如果对方感兴趣的话，他会邀请你的。当他邀请你谈论自己时，不要闭口不谈，不要将对方拒之门外，跟他聊下你自己。如果你们的关系足够友好，让他了解一点你，他会感到很高兴。但别做得太过分了，先回答他的问题，然后把焦点转回到他身上。

● 使用"我也是"的技巧

从心理学上讲，另一个把自己代入谈话的时机，是告诉对方"我也是……"。你告诉对方一些关于自己的事情，这些事情可以和他说过的话建立联系，在你们之间形成一条纽带。

如果他说"我是在农场长大的"，你说"我也是"，然后告诉他你在农场的一些经历，这会让他觉得受到重视。

如果他说早餐吃了冰淇淋，碰巧你也吃了，一定要告诉他。如果他说他出生在斯旺普沃特小镇，碰巧你经常去那里过暑假，务必告诉他这件事。

● 赞同的魔力

把自己带入谈话中，形成你们之间的共同纽带，这对对方来说是一种赞同。这样做实际上是在说:“我同意你的观点。”“我也是这样。”“我也喜欢那个。”“我也是这么想的。”“我跟你有点像。”任何关于你或你过去经历的话语，只要能表明你和对方的相似点，都会让对方更加喜欢你。

我们喜欢和自己意见相同的人，不喜欢和自己意见相左的人。每一个不同意我们观点的人，都是对我们自尊的潜在威胁。而每一个赞同我们观点的人，实际上都确认了我们的价值、维护了我们的自尊。简而言之，当你赞同别人的观点时，你就是在帮助他更喜欢他自己。

即使你知道在某些问题上，你必须与他人意见相左，也要找出一些你能赞同的观点。当你开始去赞同他人时，无论是多是少，你都会发现，你们在那些意见相左的问题上更容易达成一致。

进行“快乐谈话”

要想成为一个好的谈话者，让别人想和你聊天，另一个秘诀是从《南太平洋》(*South Pacific*)这首歌中得到的启示，即尽可能多地“快乐谈话”(Happy Talk)。这首歌唱道：

> 没有人喜欢愁眉苦脸的人。
> 没有人喜欢坐下来听末日预言。
> 人们不喜欢听到坏消息。

如果一个人总是习惯悲观地说话，跟你说世界正在走向毁灭，或者把他所有的烦恼都说出来，那么他是不会受人欢迎的。

如果你有个人问题需要和别人谈谈，去找你的牧师或心理治疗师，或者找一些值得信任、有同情心的朋友。但是，不要在公共场合宣泄你的烦恼。不要没完没了地谈论你做过的手术，描述从你走进医院到康复经历的所有痛苦。告诉别人你受了多少苦，并不会让你成为英雄，只会让你令人厌烦。

● **给自己写封信**

如果有事压在心头，而且你觉得必须把这些烦恼或不公正的待遇一吐为快，那么也可以试试下面这个方法：

给自己写封信。把你的感受写下来，不要隐瞒任何事。详细地描述别人是如何冤枉你的，以及这是多么不公平。“小题大做”一点，尽情释放自己。

当你写完这封信，不要把它寄给任何人，而是烧掉它。因为这封信已经完成了它的使命，它为你提供了一个发泄渠道，你会发现自己感到无比轻松。更重要的是，对你的人际关系而言，它会消耗你的情绪能量，你觉得没有必要再告诉任何人了。有时候，可能需要把整个事情写两至三遍。但在那之后，你会发现自己甚至不愿再多想它，更不用说告诉你遇到的每个人了。

不要轻易开玩笑

如果你想在谈话中受欢迎，不要取笑、戏弄或挖苦别人。

许多人嘲笑别人，因为他们以为别人喜欢这样。丈夫在公共场合戏弄妻子，以为这是一种可爱的示爱方式。我们说一些讽刺的话，是希望对方在其中看到我们的聪明和幽默，而不是人身攻击。

然而，取笑和戏弄针对的都是别人的自尊。任何威胁自尊的事情都是危险的，即使是在开玩笑的时候也一样。讽刺总是带有残忍的成分，故意让对方觉得自己很渺小。

调查显示，人们不喜欢被人开玩笑，即使是亲密的朋友也不行。然而，我们并不愿意让朋友知道自己讨厌开玩笑，因为害怕他们认为我们是开不起玩笑的人。所以，即使是最好的朋友，也不会告诉你他不喜欢被人开玩笑。

只有在极少数情况下，在非常亲密的朋友之间，才可以开一些善意的玩笑。而且，这些玩笑最好是针对一些无关紧要的小事。如果对方认识你的时间足够长，喜欢你的程度足够深，而你又不会做得很过火，那么你们可以开开玩笑。但是，开玩笑非常容易引起误解，为了安全起见，不要轻易尝试。

人际关系TIPS

1. 成功和幸福在很大程度上取决于我们表达自己的能力。因此，从今天开始学习如何提高你的说话水平吧，请日复一日地坚持下去。
2. 通过问一些简单的问题或者发表一些明显的意见，使用“预热”技巧，试着和陌生人开始对话。
3. 要成为一个好的谈话者，不要试图变得完美，也不要害怕俗套。只有挖出许多粗糙的矿石之后，你才会发现金子和宝石。
4. 问一些问题，引导别人进行有趣的交谈。
5. 鼓励别人谈论他自己，谈论对方感兴趣的话题。
6. 使用“我也是”的技巧，让自己与说话者及其兴趣保持一致。
7. 只有在别人邀请你谈论自己的时候，你才可以谈论自己。如果他想了解你，他会邀请你的。
8. 请“快乐谈话”。记住，没有人喜欢愁眉苦脸或预言末日的人。把你的烦恼留给自己。
9. 不要在谈话中取笑、戏弄或挖苦别人。

Chap.9
倾听如何助你成功

当一位政治家向美国最高法院大法官奥利弗·温德尔·霍姆斯（Oliver Wendell Holmes）征求如何竞选公职的建议时，霍姆斯法官给他写道：

> 能够以一种同情和理解的方式倾听别人，也许是世界上最有效的与人相处和建立长久友谊的方法。可惜的是，很少有人练习这种成为好听众的“白色魔法”。

在某种程度上，我们每个人每天都在“竞选公职”。我们所遇到和交往的人一直在衡量、分析和评价我们。在他们自己心中，可能投支持我们的票，也可能投反对我们的票；可能投信任我们的票，也可能投不信任我们的票。他们视情况而定，决定是否与我们合作或打交道。这里有一个比你所意识到的重要得多的决定因素，那就是：你听得有多认真?

你会见了一个人，离开他之后，总觉得有哪里不对劲。你暗自怀疑他给你投了反对票。你默默地问自己："我说了什么让他反对我的话吗？"或者："我还能说些什么，可以让他对我更友好，更愿意接受我的意见呢？"

令人惊讶的是，答案很可能是："这跟你说了什么或没说什么都没有关系。"

你没有赢得他的支持，并不是因为你说了什么或者没有说什么，而是因为你没有认真倾听。

倾听使你更聪明

我们大多数人都希望别人认为我们聪明、伶俐、机智。

但是，那些到处说聪明话，费尽心思表现聪明的人，并没有被别人认为是"聪明人"。相反，他们被认为是"自作聪明""自吹自擂"或"自以为是"的人。

然而，有一种方法可以让对方相信，你是他见过的最聪明的人之一。那就是倾听，关注他在说什么。你很重视他所说的话，专心倾听，以免漏掉任何一个字。这个事实向他证明：你是一个非常聪明的人。一个笨蛋没有足够的理智，能够意识到别人的话是多么重要和有价值，因此也就不会去密切关注。

有一次，诗人沃尔特·惠特曼（Walt Whitman）和一位朋友走在街上，惠特曼突然停下脚步，和一位陌生人攀谈起来。有15至20分钟的时间，惠特曼一直说个不停，而对方几乎没有开口。当他们离开后，惠特曼对他的朋友说："这是一个聪明的人。"

他的朋友惊讶地问："你怎么知道他很聪明？他连一句话都没说。"

惠特曼回答："他一直在听我说话，这就证明他是个聪明人。"

停下来想一想你认识的人，他们当中谁以聪明睿智而闻名？你是怎么给他们投票的？你会把票投给那个老是滔滔不绝的家伙吗？那个总是还不知道问题就已经准备好答案的家伙？那个在别人把话说完之前就打断插话的家伙？还是那个经常耐心倾听的人？

我的一个朋友这样说道："上帝给了我们两只耳朵和一张嘴。显然，他打算让我们多听少说。"

如果你愿意倾听，别人会告诉你他想要什么

一位顶尖的汽车设计师告诉我，要想在汽车制造业取得成功，你就必须把握住公众的脉搏，密切关注公众的需求。他说："实际上，我们并不设计汽车，而是公众在设计。我们所做的就是倾听，了解公众需要什么，然后设法提供这个东西。"

你无法在黑暗中获得成功。**每个人都需要通过和别人合作来获得成功。**

在人际关系中取得成功，就像在棒球场上获胜一样。打棒球时，你需要对扔给你的球做出正确的反应；在与人交往时，你必须不断地对别人"扔给你的东西"做出适当的反应。

良好的人际关系是一种双向交流，包括给予与索取、行动与反应。如果你不知道别人想要什么，不知道他的真实感受，不知道他的特殊需求，那你就和他失去了联结。如果你跟他没有联结，你就无法打动他。除非你知道他想要什么，知道他的感受，否则你对他的立场就一无所知。

当你身处黑暗之中，你无法在人际关系的较量中获胜，就像你无法在棒球场上赢得胜利一样。

● 如何确定对方的立场

别人想要什么，他的感受是什么，这并不是一个谜。我们经常这样想："如果我知道他的立场，就知道该怎么做了。"实际上，找出对方的立场并不太难。

雷明顿兰德公司副总裁兼全国销售主管委员会主席阿尔·西尔斯（Al N. Sears）表示，每个销售员都有自己确定客户立场的"内置雷达"。他说："你所要做的就是倾听，对方会告诉你的。大多数人都想让我们知道他们的立场，并试图告知我们。问题是，我们关掉了'接收器'，然后打开了'广播器'。"

说得太多会暴露自己

有时，在和别人打交道时，如果我们需要了解对方的情况，就不能过早亮出自己的底牌。在许多大型商业交易中，使用的策略是先弄清对方想要什么，他会满足于什么，然后再亮出自己的底牌。我们要牢记，正如可以通过倾听别人说话来确定他的立场一样，说得过多也会暴露出我们自己的立场。

许多成功的商人都被认为是"通灵者"或"读心者"，他们以精明算计、做最划算的交易而闻名。

事实上，他们的窍门并非神秘莫测。

他们只是鼓励对方说话，保持交谈，同时设法把自己的嘴闭上。他们本能地了解并使用了精神分析之父弗洛伊德（Sigmund Freud）首先阐述的科学真理。那就是：如果你能让别人说足够多的话，他根本就无法掩饰自己的真实情感或真正动机。他可能尽了最大的努力去掩饰，但他总是会“出卖自己”。弗洛伊德就潜意识的口误写过一篇很长的论文，阐明了潜意识如何设法让真实的感受和想法为人所知，如果你用心倾听并对别人话语的所有含义保持警惕，就能领会得到。

同样的道理，如果你不想让别人知道你的真实想法，如果你还不想亮出你的底牌，那就闭上自己的嘴，去倾听别人。因为，不管你怎么掩饰，只要你说得足够多，对方就会“识破”你。

倾听有助于克服自我中心意识

倾听还可以帮助你克服自我意识和自我中心意识。尽管今天的心理学研究对“利己”和“自尊”有不同的看法，但以自我为中心的态度仍然和以往一样不受欢迎。在人际关系中，自我中心是一种明显的障碍。仔细倾听对方说的每一句话，密切注意他的语气和语调，能让你的注意力不再集中在自己身上。

如果你所有的注意力都集中在别人身上——他在说什么，他想要什么，他的需求是什么，你就不可能以自我为中心，从而与别人隔绝。当你和别人隔绝了，你就无法有效地和他交往。当注意力都集中在自己身上时，你就难以与周围的世界打交道。就像一个人在高速公路上开车，如果他只看车上的挡风玻璃，而不是透过挡风玻璃看前面的路，我们可以料想到，他即将遭遇一场车祸。两个人之间的许多冲突都是由于这一事实，即其中一个人把注意力集中在自己而不是对方身上。

在与别人打交道时，一个强大、健康的自我是必不可少的，就像一个舞者需要强壮健康的腿和脚一样。然而，任何一位舞蹈老师都会提醒你，在跳舞的时候“不要注意自己的脚”。让一个舞者去注意他的脚，那么他就很容易被绊倒，或者至少看起来很笨拙和机械。

但是，舞蹈老师不会因为发现你过多地关注腿和脚可能造成障碍，就说“切掉你的脚”或“砍掉你的腿”。事实上，他们鼓励学生通过某些练习来增强腿部的力量。当舞者知道他的双腿是强壮的，并且可以依靠时，他就更有可能在跳舞时忘记它们，而不是像以前那样暗自担心腿部力量太弱，而不得不去注意它们。

同样的道理，现代心理学家也不再告诉我们要无视自我、克服自我，或者抛弃所有自私的本能。他们所告知我们的是，把注意力从自己身上转移开，停止以自我为中心，抛弃那种狭隘、愚蠢的自私。

过去关于如何克服自我中心意识的大部分建议都是错误的。旧观点让我们相信关心自己是不好的，应该羞于承认自己有任何自尊。但既然每个人都有自尊的渴望，这种建议就只会让我们更关心自己，让我们的注意力更集中在自我和自私的愿望上。克服自我中心意识的方法，不是告诉自己想得到高度评价是不对的，而是说把所有的注意力都集中在自己身上是行不通的。

一个好的舞者必须跟着音乐起舞。舞蹈的秘诀在于，一旦你学会了基本的舞步，就不会有意识地对自己说："现在我必须确保右脚踩到这里，然后我想让左脚迈出一小步。"如果你这样做，你就无心听音乐了；如果你不听音乐，就无法跟上节奏。一个好的舞者会把注意力集中在乐队演奏的音乐上，同时让他的双脚做出正确的动作。

● 倾听别人的"音乐"

在与别人交往的时候，我们需要使用类似的技术。如果你想以一种正确的方式回应别人，去创造和谐而非嘈杂的氛围，你就必须倾听对方"正在演奏的音乐"。如果你不倾听他的"音乐"，而是开始对自己说："现在我能说什么来压住他呢？"或者，"我怎样才能发表我的意见，给这个家伙留下深刻的印象？”这样一来，你只会和别人“步调不一致”。

如果你倾听他人的“音乐”，并让自己做出反应，你可能会发现一些令人惊讶的事情 —— 当你不去管自己的大脑时，它反而会更好地工作，就像你跳舞时的双脚一样。

你可能会发现自己变得更自然了，而那些从你嘴里蹦出来的连珠妙语，可能会让你自己都感到惊讶。

● 不要太刻意

心理学家威廉·詹姆斯说，大多数谈话之所以乏味，是因为双方都太刻意了。当双方都有意识地想“一些重要的事情”来表达，他就会担心自己说的话得不到对方的认可。詹姆斯补充道，如果他们放松一点，张开嘴，想说什么就说什么，他们反而更有可能说出“一些重要的事情”。

《星期六晚邮报》上的一篇文章披露了著名银行家、得克萨斯州达拉斯市市长本·桑顿（Ben Thornton）的秘密。这篇文章说，桑顿总能在正确的时间说正确的话。然而，他很少担心自己要说些什么，甚至在参加重要会议时都看似毫无准备。

桑顿从来不会做逐字逐句的演讲。他只是尽可能多地收集与谈话主题有关的信息和事实，为自己做充分的准备。皮尔斯·布鲁克斯博士是桑顿的好朋友，他告诉我：“桑顿有一个可以利用的信息世界。他仔细倾听别人说什么，摸清别人的情况。他不满足于大体上知道别人在想什么，或者想要什么。他想知道确切的情况。当他听完别人说的话后，倾向于要求对方把一些想法再重复一遍。然后，他只是张开嘴，而适合这个场合的话语似乎就会自动出现。”

倾听能使你更富有

据说，倾听使本·桑顿变得富有。各行各业的人都认为他是个善解人意的人。他了解别人，因为他倾听他们说的话。

除非你愿意认真、耐心、有同理心地倾听，否则你永远无法真正了解另一个人。

这种倾听也能让你变得富有——无论是金钱、友谊，还是成功和幸福。

你能给予别人最高的赞美之一就是倾听。通过耐心地倾听，你仿佛在对他说：“你是值得倾听的。”你提升了他的自尊，因为每个人都认为自己“有话要说”，而且它值得一说。

相比之下，你对别人的自尊所能做的最让人泄气的事情之一，就是在听到他要说的话之前就把他“打发走了”。记住，人们喜欢被倾听、被关注。

你听过一位妻子抱怨她的丈夫吗？“他从来没听过我说的一句话。我对他说‘热水箱刚刚爆炸了’，他只会说‘是吗’，然后继续读他的报纸。”也许你没怎么听过这些话，但婚姻顾问每天都能听到类似的故事。

你听过一位员工的心声吗？“我的老板一切都好，就是不听别人的意见。我去找他，告诉他一个问题，并征求他的意见。我还没讲到一半，他就打断了我的话。他还不知道我要说什么呢，就给了我一个自认为不错的答案。如果他愿意倾听别人，其实也不算一个坏人。”也许你还没听过这些话，但是行业申诉委员会的工作人员一遍又一遍地听着。

你听过一个年轻人这样说吗？“我的父母根本不了解我。我试着告诉他们我对事情的真实感受，我的问题是什么，但他们就是不听。他们要么把我当孩子一样对待，把我的问题视作无关紧要；要么就是急于告诉我，我应该怎么看待问题，他们永远不知道我的真实感受。”少年法庭的法官们每天都会听到同样的主题，只是内容略有不同。

世界上有很多的麻烦、痛苦和失败，只是源于无人倾听。

所以，如果你想成功地与人交往，请把下面这条忠告牢记在脑海中：

你必须知道别人想要什么，他们需要什么，他们是什么样的人。

这条忠告不仅适用于朋友，也适用于敌人；不仅适用于儿童，也适用于成年人；不仅适用于大人物，也适用于普通人。而想了解人们想要什么、需要什么，以及他们是什么样的人，只需要去倾听。

人际关系TIPS

这种倾听的艺术至关重要，千万不要看过就丢到一旁。也许你看到过一些不错的建议，确信它们很有用，然后下决心付诸实践。但是，如果你不时刻监督自己，很快就会将此事全部忘记。克服这个问题的方法之一，是列出一些确定要做的事情，然后着手去做。

所以，把你在本章学到的知识“钉牢”，不要让它们跑掉。从现在开始，练习以下内容：

1. 看着正在说话的人。这也能帮你集中精力去听他说的话。
2. 对他人说的话表现出浓厚的兴趣。如果你同意，就点点头。如果他叙述一个故事，请保持微笑。对他的暗示做出反应，与他进行互动。
3. 向说话的人倾斜。你有没有注意到，你会倾向于靠近一个有趣的说话者，而远离一个沉闷的说话者？
4. 记住提问。这会让说话的人知道你还在听。
5. 不要打断别人；相反，让他多说一些。如果你不打断别人，让他们把话讲完，你就会受到高度的赞扬。但如果你能把别人的话引用出来，你就会得到双倍的赞扬。你可以问他：“你介意把最后一点讲得更详细一点吗？”或者“我想更多地了解你对这件事的看法。”

6. 紧跟说话者的主题。无论你多么渴望开始一个新的话题，在别人结束之前，不要改变他的主题。
7. 用说话者的话来表达你的观点。当对方说完后，重复他说过的一些话。这不仅证明你一直在听，而且也是一个表达你自己想法的很好的方法，因为这样可以避免遭到反对。可以用“正如你所指出的”或者“就像你说的那样”作为开头。

Chap.10
如何让别人从你的角度看问题

每天都会出现需要说服别人接受我们观点的情况。无论是妻子、丈夫、孩子，还是老板、邻居、客户、员工、朋友或敌人，都可能与我们存在着分歧。

我们心里会想："如果能让他从我的角度看待问题就好了。"

让我们来看一些例子：

1. 假设你是一家零售商店的店员，一位顾客走进来，要求你为他更换一台新冰箱，但事实上，他买的旧冰箱已经超过保修期两个月了。你耐心地向他解释公司会为他修理这台旧冰箱，但不能更换一台新的。可这位顾客对此表示不理解。你如何解决这种意见分歧？

2. 你们正在开会，老板提出了一个看似不错的促销主意。然而，你发现这个想法有几个严重的缺陷，并意识到它可能会让公司浪费大量金钱，虽然能争取到一部分客户，但有可能失去的更多。你准备如何说服老板他的想法行不通？

3. 你的妻子想把孩子送到私立学校。但你有很多理由，可以确信孩子在公立学校会过得更好。你准备怎么把这些想法传达给妻子？

4. 你觉得自己应该加薪，公司也能够给你支付更多的薪水。但你一提到这个想法，老板就说："我们现在负担不起，以后再说吧。"你准备如何回应？

"自然反应"为何是错的

当我们遇到与自己相反的想法或意见时，最自然的反应就是争辩。它可能是关于哪支棒球队是最好的，也可能是联合国政治家们的争论。不幸的是，我们最自然的反应就是试图驳倒对手。

有人说打高尔夫球很难，因为挥杆是反自然的。挥动球杆的每一个动作都违背了人的自然冲动，我们必须学会一种科学的但非自然的挥杆动作。

说服别人也是如此。我们很自然地会把反对自己想法的人看作对手，要以某种方式去征服他们。然而，我们真正的目标是说服别人，使他改变主意，而不是征服或打败他。

当有人反对我们的想法时，我们很自然地会将其当作对自我的一种威胁。因此同样很自然地，我们也会回击他的自我，变得情绪激动，充满敌意，大喊大叫，威胁他、羞辱他、嘲笑他，并试图用恐吓或武力的方式让他接受我们的想法。我们夸大自己每一个所谓的理由或主张，并轻视对手的每一个观点。

但是，这种自然的反应注定是不会赢的。因为你能赢得争论的唯一方法，是让别人改变主意，而不是打败他。

赢得争论的科学方法

有句古话说："没有人能在争论中获胜。"如果你指的是采取争吵、叫骂，或者自我的思想斗争的方式，那么这句话没有错。然而，也有一些方法可以促使别人改变主意，并从你的角度来看待问题。

赢得争论的科学方法，与大多数人使用的自然方法恰恰相反。即使是那些想让公众改变想法的组织，也会犯和你我在讨论棒球或政治时一样的错误。

《科学文摘》1954 年 3 月刊登的一篇文章写道："尽管反复出现的证据表明了防备不足的危险，为什么美国公众还是如此不愿支持一项充分的民防计划？尽管发布了所有关于早期护理必要性的醒目警告，为什么还是有那么多癌症患者不愿接受治疗，直到为时已晚？一个重要的因素可能是，那些引起强烈恐惧或构成威胁的呼吁，并不能说服人们改变他们的观点或行为。耶鲁大学有 3 位心理学家进行了 25 项实验，揭示了其中的秘密。”

●“不施压”是关键

耶鲁大学的这3位心理学家分别是卡尔·霍夫兰（Carl I. Hovland）、欧文·詹尼斯（Irving L. Janis）和哈罗德·凯利（Harold H. Kelly）。他们发现，让人们接受一个想法，最好的方法是不要施压，即冷静地陈述事实，不要企图使用威胁或强迫的态度。

在一项实验中，研究者对3组不同的学生进行了15分钟的牙齿卫生讲座。第一组收到了“强烈的”警告，指出了忽视牙齿卫生的危险：蛀牙、牙龈损坏、癌症等。

第二组收到的是“温和的”劝告，指出了忽视牙齿卫生的一些危险，但其方式更为温和，也更符合实际。

第三组则只是听了一场相关的知识讲座，几乎没有涉及忽视牙齿卫生的危险性。

讲座结束一周后，研究者对学生们进行了调查，看哪些人的行为变化最大，并遵循了讲座中推荐的做法。令人惊讶的是，那些得到“温和”劝告、没有受到“恐吓”的学生，比那些受到“恐吓”的学生更好地遵循了讲座中建议的做法。

针对大学生在政治辩论中表现的测试，也显示了类似的结果。研究发现，如果对方陈述不带感情色彩的事实，而不是发表慷慨激昂的演说，更有可能改变学生们的政治观点。

● 关于争论的惊人事实

也许关于争论最详尽的研究，是由阿尔文·巴斯（Alvin C. Busse）和理查德·博登（Richard C. Borden）两位教授完成的，他们曾在纽约大学工作。

两位教授在7年的时间里听取了10000次真实的争论。他们听出租车司机之间的争吵；听丈夫和妻子之间的争吵；梅西百货、西屋电气等商业公司与他们合作，并允许他们“窃听”销售人员和柜台职员的日常工作；他们还听取了联合国政治家们的辩论。他们记录下谁赢得了辩论以及胜利的原因。

最后，他们得到了一个有趣的结论：职业辩论者——如政治家和联合国代表——在让自己的观点被接受方面，还不如走街串巷的推销员成功。

其中一个重要的原因是，职业辩论者似乎一心要击败对手，或者让对方“出丑”，而推销员只是尝试说服客户改变他们的主意。

他们发现，大多数人在试图赢得争论时所犯的一个巨大错误，就是攻击他人的自我。

如何顺应人性去说服别人

这一切都可归结为本书的主题：**如果你想对别人有影响力，就必须学会顺应人性，而不是与之对抗。**

告诉一个人他的想法很愚蠢，他就会更加捍卫这些想法。嘲笑他的立场，他必然捍卫它以保全面子。使用威胁或恐吓策略，不管你的想法有多好，他只会对此视而不见。

人性中最强烈的冲动之一就是自我生存（self-survival），这意味着自我和身体的存活。为了保护自己，必须谨慎对待我们所接受并付诸行动的想法。我们学会了让自己免受任何带有敌意的想法的影响。朋友通常不会对我们指手画脚，所以为了安全起见，我们会对那些带有敌意的想法充耳不闻。

如何影响别人的潜意识

当我们试图推销自己的想法时，实际上是在尝试接触别人的潜意识，因为在潜意识接受之前，任何想法都不会真正被接受并付诸行动。所谓“口服心不服”，说的就是一个人在意识层面，而不是潜意识层面接受了某个想法。这样的人可能口头上同意你的想法，但他心里仍然不信服，也不会按照你的想法去做。

心理学家知道，只有一种方法可以让潜意识接受某个想法，那就是通过“暗示”。大量的实验表明，你越是努力把一个想法强行灌输给潜意识，这个想法遇到的阻力就越大。这是自我保护的本能又在起作用了。心理学家使用的技巧是，在不怎么被注意的情况下，让这个想法“溜进”潜意识。

你有没有注意到，当有人说“你不能那样做”时，你会有一种无法抗拒的冲动，无论如何都要去做一次。相反，当有人说“你必须这样做”时，你几乎会下意识地对自己说：“如果我这样做了，就完蛋了。”

赢得辩论的 6 条法则

如果你能成功地将自己的想法“绕过”别人的自我，你就能成功地赢得争论。他的自我就像一名守卫，站在潜意识的入口处。如果你吵醒了他的自我，或者把它惹怒了，它绝不会让你的想法通过。这是最重要的一点，在你学习以下法则时，请将此谨记于心。

1. 让他人陈述自己的情况

不要打断别人，让他陈述自己的情况。记住倾听的魔力，打断别人不仅伤害了别人的自我，而且会破坏心理学家所说的“心理定势”。一个心里装着东西的人，他的心理定势就是“要说话”。在说完自己的想法之前，他的心理定势不会转为倾听你的想法。如果你想让别人听到你的想法，先要学会倾听对方的想法。

约翰·格雷厄姆（John Graham）是俄亥俄州哥伦布市拉扎勒斯公司的人事部主管，他是我见过的最具说服技巧的人之一。当他的意见遭到反对，或者有人要投诉时，他总是会把对方的意见听完。然后，他进一步要求对方重复其中的一些观点，并询问他是否还有什么要说的。这表明了他对对方的观点很感兴趣。

当别人怒气冲冲来找你时，让他重复某些要点是非常有用的。只需要让他把这件事说出来，就能大大减轻他的敌意。

如果你能让他把自己的抱怨“重述”两三遍，他的情绪或怒气就会烟消云散。

2. 稍作停顿再回答

这条法则在没有明显意见分歧的谈话中同样适用。当有人问你问题时，看着他，稍作停顿再回答。这会让对方知道，你认为他说的话足够重要，应该“想一想”或“考虑一下”。

只需要稍微停顿一下就可以了。停顿太久，你会给人一种吞吞吐吐的感觉，表明你不想给出一个明确的答案。然而，如果你坚决反对一个人的观点，稍微停顿一下也是很重要的。如果你直截了当地说“不”，对方会觉得你对他的问题根本不感兴趣。

3. 不要坚持全赢

当我们陷入争论的时候，大多数情况下都会试图证明自己是完全正确的，而对方在所有问题上都是错误的。然而，有技巧的说服者总是会做出让步，并找到某种程度上的一致性。

如果对方的某些观点对他自己有利，那就承认它吧。如果你在一些无关紧要的问题上让步，那么当你遇到大问题时，对方也更有可能让步。

明尼阿波利斯的代顿公司是美国最大的连锁购物中心之一，其副总裁兼人事总监大卫·巴布科克（David Babcock）将这条法则运用到了极致。如果他不能满足员工的要求，他总是会解释原因。如果他必须把一名员工从一个部门调到另一个部门，他不会只说：“史密斯小姐，我明天上午要把你调到另一个部门去。”他会告诉史密斯小姐为什么她要被调职。

皮尔斯·布鲁克斯博士曾推荐过所谓的“是的，但是”技巧。

“**是的**，我看得出你有一个很好的观点，**但是**你有没有考虑过这个……”

“**是的**，我可以理解为什么是这样的，**但是**……”

“**是的**，关于这一点你当然是对的，**但是**从另一方面来说……”

4. 适度而准确地陈述情况

有这样一种倾向：当我们努力让自己的想法被接受，而它们遭到反对时，我们会大肆渲染并发出强烈的呼吁。请记住，科学研究表明，平静地陈述事实比威胁或强迫更能让人改变主意。

我们之所以仍然使用强硬的方法，原因之一是，它们有时似乎是有效的。你用这种方法打败对方，让他“出丑”，到了“一句话都不能说”的地步。然后，你的听众为你鼓掌，你认为自己赢得了争论。但实际上，对方并没有接受你的观点，也不会按照你的想法行事。

本杰明·富兰克林（Benjamin Franklin）被认为是有史以来最优秀的“思想推销员”之一。在与其他国家打交道时，他总是能拔得头筹，并得到他想要的结果。他顶住了许多反对意见，成功起草了美国宪法。

富兰克林说："说服别人的方法，就是适度而准确地陈述自己的观点。然后说'当然我也可能会弄错'，这会让听众接受你所说的话，而且他可能会反过来说服你，因为你对自己存有疑问。但如果你用肯定和傲慢的口吻去攻击他，只会让他成为你的对手。"

不管你是想让国会采纳你对签署美国宪法这类重大事件的看法，还是想让丈夫或妻子接受你对如何装修房子的意见，都符合相同的心理学规律。

5. 借助第三方说话

想打赢官司的律师会把证人召集起来，让他们为自己提交给陪审团的论点作证。他意识到，如果公正的第三方来陈述，而不是他自己说，这个论点会更有说服力。

明星推销员会使用满意用户的推荐信。竞选公职的候选人会取得知名组织和名人的支持。如果他自己说"我是这场竞选中最诚实、最聪明、最有资格的候选人"，选民就有可能产生疑虑。但如果"诚信市民联盟"也这么说，就有可能起到很大的作用。

申请职位的人会带着来自第三方的"推荐信"，对未来的雇主来说，这些推荐信的说服力比求职者自己说的任何话都强得多。

当你有不同的观点，想让别人从你的角度看待问题时，借助第三方所说的话尤其有效。首先，当你一个劲儿地为自己说话时，人们自然会怀疑你的动机。其次，第三方所说的话不太容易冒犯别人的自我。记录档案、统计数据、历史资料、名人名言，都可以作为第三方来引用。

比方说，你的妻子希望新房子的窗帘都是一样的颜色，而你希望它们是不同的色彩。如果你说“我认为用同样的颜色做窗帘过时了”，那么你们就要开始争论了。她会说：“哦。所以现在我落伍了。”

但如果你说：“前几天我在收音机里听到彼得·林德·海耶斯（Peter Lind Hayes）的节目，他正在讲他和玛丽如何用不同颜色的窗帘来装饰他们的房子。他说，所有的窗帘都用同样的颜色已经过时了。”这样你就不会引起任何敌意，因为你引用了第三方的意见。

不久前，我买了一份汽车责任保险单。当我看到推销员给我报了10万美元的保险单时，我有点恼火。我认为他想欺骗我。

我抗议道：“我没有说过10万美元的事，我只想要通常的25000美元的保险单。”

他回答：“但现在的惯例是10万美元的保险单，大约90% 的新投保人都会购买10万美元的保险。民事法院陪审团做出的判决额度比过去高得多了。现在，5万美元和10万美元的判决都很常见。”

他通过让第三方替他说话而避免了一场争论，并且改变了我的想法。我根本无法与90% 的新投保人和民事法院陪审团进行争辩。

当你要求老板给你加薪时，如果你说“我相信我在这里的表现足以证明我应该加薪”，而不是说“我认为自己应该加薪”，那么成功的可能性会更大。

6. 让对方保全面子

很多时候，别人会很高兴地改变主意，同意你的观点，但有一种情况除外。如果他已经做出了明确的承诺，并带着坚定的立场，他就无法优雅地改变自己的立场。同意你的观点，就等于承认他错了。如果他做出了明确的声明来反对你的观点，现在又与你站在一边，他就不得不承认自己撒了谎。

有技巧的说服者知道如何留条后路，这样对方就可以不丢面子地改变以前的立场。他们留下了一个空子，让别人可以钻过去。否则，别人可能会发现他是自己逻辑的囚徒，无法从自己以前的立场中逃脱。如果你想说服别人，不仅要让他改变主意，你还必须知道如何把他从自己的矛盾中解救出来。

这里有两种方法：

方法一：假设对方一开始并没有掌握所有的事实。你可以说:“当然，我完全可以理解你是怎么想的，因为你当时并不知道某些情况。”

如果别人错了，为他的错误找个借口。例如:“在这种情况下，任何人都会有这样的想法。”“起初我也有这样的感觉，但后来我偶然发现了某个信息，它改变了整个局面。”

方法二：建议他采用一些可以把责任转嫁给其他人的方法。例如，一家百货公司的顾客要求退一件衣服。她把这件衣服带回了家，但她的丈夫不喜欢。她对售货员说：“绝对没有人穿过它。”

售货员检查了这件衣服，发现有明显的干洗痕迹。现在，售货员可以给顾客出示证据，证明她是错的。但顾客永远不会承认，因为她已经说过了:“绝对没有人穿过它。”所以，聪明的售货员给了这位顾客一个台阶。

这位售货员说:“夫人，我想知道是不是你家里的某个人把这件衣服送到洗衣店了。不久前，这样的事情也曾发生在我身上。当清洁工来的时候，我不在家，我丈夫把一件全新的衣服，还有我放在衣橱里的其他几件衣服，一起送去干洗了。我不知道这种情况是否会发生在你身上，因为这件衣服确实有明显的被洗过的痕迹。”

这位顾客看到了证据，她知道自己错了，她有一个现成的借口来为自己开脱。售货员为她留了一条后路，她可以通过这条路撤退。

人际关系TIPS

当你和某人有不同意见时，你的目标不应该是赢得争论，而是让对方改变主意，并从你的角度看待问题。因此，你必须避免让他的自我卷入其中。你必须让你的逻辑推理越过他的自我，并给他留下一条后路，让他可以逃离之前的立场。

以下6条法则将帮助你完成这项任务：

1. 让他人陈述自己的情况。
2. 稍作停顿再回答。
3. 不要坚持全赢。
4. 适度而准确地陈述情况。
5. 借助第三方说话。
6. 让对方保全面子。

PART 5
如何有效地与他人协作

Chap.11
如何让别人100%地与你合作

下次想让别人帮你做事的时候，请尝试一个简单的实验，只有两步。无论是找人帮你修剪草坪、打包行李，还是助你的事业成功，都可以试试。

第一步：直接请求某人“帮我做这件事”，告诉他们，你想要他们做什么。如果你愿意，可以出钱请他们帮忙，但要说清楚，付他们报酬只是为了实现你的想法。记录你们合作所取得的成果。

第二步：请求另一些人的帮助，这次不只是让别人帮你做这件事，而且要请他帮你构思这件事。不仅求助于他的体力，而且求助于他的思想。

你可以对他说：“我遇到了一个难题，需要你的帮助。这是我想要完成的事情，你觉得它怎么样？你有什么好主意吗？你对我的做法有什么意见？”

毫无疑问，你会发现，虽然使用第一种方法可以得到一些合作和帮助，但使用第二种方法，你可以从别人那里获得100% 的合作，包括更多的体力支持。

如何让别人全力以赴

如果你在屋外铲草坪时，对你的邻居说：“乔，帮我铲这块草坪怎么样？”他会让你走开，别烦他。

但是如果你说：“乔，我遇到了一点麻烦。我想知道我哪里做错了。我似乎没有掌握铲草坪、让草长得更好些的诀窍，你有什么好主意吗？”乔很可能会过来，从你手中接过铲子，然后说：“来，让我教你怎么铲草坪。”

其中的原因很简单。当你使用第二种方法时，你正在合理地运用人性的基本法则。产业心理学家发现，这里不是乔愿不愿意帮你的问题——只有当他的大脑和身体都投入这项工作，他才可能全力以赴地帮助你。

从心理学上讲，一个人不可能为你付出100% 的体力，除非他被允许提供自己的想法。

大脑和身体似乎早已决定作为一个团队一起工作。这就像歌手们在综艺秀中所说的：“我们是一个团队，没有人会单飞。”

对产业工人绩效的研究，毫无疑问地证明了这一点。那些在管理中没有发言权、不能提出自己建议、不能贡献自己想法的工人，他们所完成的工作量永远不会超过那些被鼓励提出建议的工人。

让别人觉得这也是他的问题

每个人对自己的问题，都比对别人的问题更感兴趣。当你直接让乔帮你铲草坪时，他的感觉是“那是你的问题”。但是，当你询问乔的意见时，你已经给他提供了挑战——你实际上给了他一个有待解决的问题，于是他变得感兴趣了。这条原则不仅适用于打理草坪，而且也适用于经营企业。

例如，企业管理中最棘手的问题之一，就是让部门主管削减成本。这在任何行业都是一个大问题。有些企业尝试说教，有些企业呼吁履责。但是，持续削减成本仍然被认为是最大的难题之一，也是管理者最难得到其他员工合作的问题之一。

35岁的罗伯特·胡德（Robert C. Hood）是威斯康星州马里内特市安塞尔化学公司的负责人，当他面临这个问题时，他既没有说教，也没有责骂。他没有直接告诉工人必须要“削减成本”。他的管理哲学是：“人们会支持他们自己帮助创造的东西。”因此，当他想要削减成本时，他成立了一个委员会，由公司所有的高级运营人员组成。他没有告诉他们，必须在这里或那里削减某个特定的项目。相反，他告诉他们，这是需要他们自己想办法解决的问题。

委员会的成员们集思广益，开始指出各种可以省钱的地方，比如差旅费、电话和电报费、日用品花销甚至邮费等。不久前，胡德向美国管理协会报告了这项计划的结果，这样做“使我们大幅度降低了成本，尽管销售额只增长了9%，但税后利润增长了40%”。

胡德使用这个原则解决了许多企业存在的问题，他称之为“参与式管理”。

如何在家庭中运用参与式管理

你经常能听到妻子们抱怨她们的丈夫，说他们从来不告诉自己任何生意上的事情，也从来不给她们提建议的机会。然而，你也会听到丈夫们的抱怨，他们的妻子从来不会帮助他们理财，诸如此类。许多父母认为，他们想要做什么事情，孩子们从来不会合作。问题是他们从来没有要求孩子参与，只是告诉孩子“这样做或那样做”。他们从来不要求孩子贡献任何想法，只要求他的身体去执行。

婚姻咨询师采用了一种让家庭成员合作的方式，与企业中的“参与式管理”非常相似，它被称为“家庭计划会议”。

妻子、丈夫和孩子每周或每月聚在一起开一次家庭会议。重要的是，整个家庭定期召开会议，讨论问题，制订共同的目标，并要求每个家庭成员贡献自己的想法。

露丝·巴比博士最近对我说：“当所有家庭成员都参与家庭管理时，所能取得的成就是惊人的。当每个成员不只是被告知‘做这个或那个’，而是被要求把这个问题当作他自己的问题，并提供一些大家可以如何去做的想法时，‘不可能解决的问题’得以圆满地解决，家人在一起相处得更和谐，每个人都变得更快乐了。据我所知，没有一种方法能像‘家庭计划会议’那样获得成功。”

她接着指出，家庭就像企业一样，必须有一位首席执行官，他的工作是权衡收到的许多建议，并做出最终决定。

“然而，”她说，“令人惊讶的是，在做出最终决定之前，如果孩子有机会表达自己的观点，即使最后的决定与他的想法相悖，他也会非常乐意服从家长的权威。”

企业高管在他们的管理实践中，也发现了同样的事实。

众人拾柴火焰高

过去，人们认为应该由管理工作者提供所有的想法和智慧。管理层是整个公司的大脑，而员工只是双手。然而，今天最优秀的管理者们意识到，最好的想法和智慧并不只集中在管理层，工厂里的广大员工也都有自己的想法，可以激励他们产生创意。

如今，优秀的高管并不害怕向员工征求意见或建议，不会担心有人认为他不够聪明，无力经营企业。他知道自己不够聪明，无法想出100名员工在受到激励时能想出的所有创意。所以，他会经常询问员工："你的意见是什么？"或者"我们如何能做得更好？"他愿意为员工的想法支付额外的报酬。

在今天，理想的企业高管不是一个天才，也不是一个聪明到拥有无数创意的人。相对而言，他是一个足够聪明、能够利用手下员工无数创意的人，一个能够做出最终决定并付诸实施的管理者。他的确是个天才，只不过是在人际关系方面，而不是在创意方面。他知道如何将自己的想法与他人的想法相乘。他懂得如何管理员工，让他们遵守并全心全意地执行他的决定。

● 如何使销售额增加 15 倍

1951年9月的《投资者杂志》刊登了一篇文章，题为《管理：人的力量》。这篇文章阐明了旧式管理方法与新式管理方法的区别。文中介绍了一家使用过这两种管理方法的公司，以及使用新方法后令人惊叹的成果。

1931年，巴尔的摩市的味好美公司遭遇了最令人悲伤的一个圣诞节。大家接到通知，上面写着歇业“到2月1日左右”，以及一句带有讽刺意味的祝福：“圣诞快乐，新年快乐。”

1950年，味好美公司的员工一直工作到圣诞节的前一天，然后欢呼雀跃地回家了。这也不足为奇：他们口袋里揣着两周的额外奖金，此外他们还有一个带薪的冬日假期，一直到1月2日。就在当年，他们已经发放了三周的额外奖金，而且已经休了常规的夏日假期和一周的公休假。

这两种情况有天壤之别，而这种改变要归功于一个人和一个想法在不到20年的时间里取得的成就。这个人就是55岁的查尔斯·佩里·麦考密克（Charles Perry McCormick），“世界上最大的香料和提取物企业”的董事长兼总裁。他的想法是实施“多重管理”（multiple management），这个管理系统不但可以确保员工最大程度地参与和提升士气，而且可以为管理层培养年轻有为的高管人才。

实际上，这个故事可以追溯到1889年，当时查理（即查尔斯）的叔叔威洛比·麦考密克（Willoughby McCormick）和两名员工在一个昏暗的房间里做起了香料生意。威尔叔叔（即威洛比）是一个努力工作的人，同时也是一个苛刻的老板。到1932年，公司的销售额达到350万美元，但员工们一个个无精打采，垂头丧气。公司的员工流动率每年高达30%。

他的侄子查理（威洛比没有子嗣）于1912年夏天开始在工厂打工，1919年开始正式工作。他曾在工厂和办公室做过仓库管理员、送信员和行政助理，并做过十多年的推销员和出口销售主管。他也曾试图向威尔叔叔推销一些新的管理理念，但却因为制造“麻烦”而被解雇了7次（当然又被重新雇用了）。大萧条时期，味好美公司损失惨重。和当时的大趋势一样，威尔叔叔削减了工人25% 的工资，在1932年，当他出差途中突然去世时，手中还握着再削减10% 工人工资的计划。

因为让谁来领导这个处境艰难的公司，似乎没有太大的区别，所以董事们选择了年轻的查理。这位有远见的领导者决定采用自己的一些想法。他召集全体员工开会，宣布加薪10% 而不是降薪，每周工作时间从56小时缩短到46小时。他还告诉工人们，他们必须提高产量、削减成本，否则整个工厂就会倒闭。为了帮助他们变得越来越好，他告诉那些惊呆了的员工们：从此以后他们将分享公司的利润，参与公司的管理。

很快，公司成立了初级董事会，并开始实施“多重管理”。第一届初级董事会有17名成员（包括信贷员、成本会计、助理部门主管等），他们的任务是想办法改进任何他们认为需要改进的东西。此外，他们可以制订自己的章程和细则，选拔自己的人员，按自己的意愿管理自己。公司公开账簿，他们可以询问任何问题。

为了控制局势，查理宣布，所有的建议必须由全体成员一致同意，并且必须得到高级董事会（每年选举产生的股东董事会）的批准。

查理的想法起作用了。几年内，初级董事会重新设计了公司的包装，使其变得现代化，从而使销售额大幅上升；他们设计了测试速记员的新方法；他们推出了更快更好的开票机；他们提出了新的产品线，包括南瓜派香料和畅销肉桂糖。

作为一名杰出的香料生产商，查理喜欢说："布丁的好坏吃了才知道。"在此基础上，初级董事会提出了5000条建议，而且99%以上都被高级董事会采纳。查理说："我无法估计这些建议对公司增加销售额和利润有多大意义，但可以肯定的是，收益远远超过成本。"更重要的是，初级董事会鼓舞了员工的士气，让所有雄心勃勃的年轻人都有机会成为公司的高管和董事。事实证明，这一目标是可以实现的，因为当时的17名高级董事会成员中，至少有13名以前是初级或工厂董事会的成员。

味好美公司的"多重管理"是如何实现的？在旧的管理方法下，威尔叔叔这位铁腕统治的老板，设法使销售额达到了350万美元。听起来好像旧的管理方法也挺不错的。但后来你才意识到，通过充分使用员工的脑力，查理将销售额提高了约15倍，达到了每年约5000万美元。查理说："刚开始的时候，我们的销售量很小，没有利润，没有分红，员工没有士气，没有休息时间，没有假期，没有利润分享，也没有退休基金。"

如何让别人支持你的想法

很多时候，我们需要别人用"是""好"来表示赞同，以保证自己的想法被人接受。实际上，获得支持的最好方法，就是让别人参与到你的想法中来。

不要说"我希望你能同意这件事"或者"我希望你能做出对我有利的决定"，试着这样说："如果你是我，你会如何使这个想法被人接受？"

我认识一位陆军上校，是西点军校1933届的学生，他的整个职业生涯都得益于这种技巧。

他年少时一直梦想着去西点军校。他高中毕业时正值1929年经济大萧条，许多原本能供得起孩子上大学的父母变得已经无力承担了，因此这些孩子中的许多人都在为西点军校和安纳波利斯军校的免费教育的名额而竞争。

我的这位朋友没有任何熟人关系。于是，他去找了他所在州的几位最著名的人物，问了他们一个简单的问题。“先生，如果您处在我的位置，您想去西点军校，而且完全符合条件，您会怎么做？”

“您会怎么做？”——这是在征求他们的意见，要求他们参与这个问题。本质上，这让他的问题变成了他们的问题。他不仅得到了他们的推荐信，而且得到了他们的积极帮助，最终他如愿以偿。

如果这个年轻人去找这些人，只是要他们的推荐信，成功的几率会很小，因为他是一个无名小卒，一个无足轻重的人。相反，通过征求意见的方式，他得到了他们的推荐信。

建立自己的智囊团

我认识的一个非常富有的人曾经告诉我，他的成功得益于这一事实：他几乎从每个接触过的人身上都学到了一些东西。

他的第一次商业冒险是经营一家锯木厂。他告诉我：“我的员工都是文盲，有些人甚至连自己的名字都不会写。但我知道他们都在这个领域工作了很长时间，一定有他们自己的想法。我把重点放在学习他们所知道的事情上，并征求他们的意见。”

后来，他将同样的原则应用于经营银行、百货公司等其他企业。

他说："如果我赚了钱，那不是因为我自己的大脑，而是因为我的'智囊团'——我从别人那里得到了想法。通过这种方式，我不仅得到了很多好主意，而且使对方得到了快乐，因为征求别人的意见总能使对方感到高兴。"

在你的朋友、家人和同事身上试试这个技巧。当你向他们征求意见时，看看对方是如何高兴起来的。当你说"你对这件事有什么看法"或者"你会怎么做"时，看看他们是怎么对你热情起来的。

试试将这个技巧作为一块与人交往的敲门砖。下一次你去见一个难得一见的人时，就顺便捎个话，说你想向他咨询一下，听听他对某件事的看法。

一位为高档杂志写文章的杂志作家告诉我，他经常使用这种技巧，从而得以采访那些难得一见的大人物。

他只是打电话说："先生，人们都说您是这方面的权威。我正准备写一篇关于这个问题的文章，和我交谈的每个人都告诉我，如果我想了解这个问题的真相，我应该去见您，听听您的意见。"

征求建议的神奇秘诀

当你读到这一章的时候，你可能会想到一些人，他们总是向别人寻求建议，把自己的烦恼和问题告诉别人，结果让自己变成了一个讨厌的人。也许你想知道，一种能让一个人变得富有和成功的技术，怎么会让另一个人变成失败者呢?

使用这种技术的神奇秘诀是：想一想，你为什么要去征求建议。

确实有一种人，他总是向别人诉苦，征求别人的建议。但他并不解决自己的问题，久而久之便令人生厌。他没有因为使用这种技巧而变得受欢迎，而是让人避之唯恐不及。

这样的人实际上并不是在寻求建议，他需要的是同情或怜悯。当他问你“我到底要做什么”时，他并不指望你告诉他。如果你那样做了，他会觉得受到侮辱。他只希望你为他感到难过，并告诉他，他的处境比你听说过的任何人都要糟。他要你承认他受到了不公正的待遇，但他最不想要的就是找到问题的答案。如果你对一个人的动机表示怀疑，下次问他：“你为什么不试试那个方法呢？”看看他的反应就可以做出判断。

还有一些人看起来是在征求建议，但实际上是想要别人的鼓励。一位流行歌曲作家告诉我，他认识的人经常对他说："这是我写的一首歌。我希望你能听一听，告诉我你对它的看法，或者它是否需要改进。"

他告诉我："我因此失去了好几个朋友，后来我才发现，这些人并不是真正想要我的意见，即使我给了他们建议，他们也不会接受的。他们想要的是我的鼓励。他们认为自己写了一首很好的歌，想要我肯定这首歌就像他们自己认为的那样好。"

所以，记住这一点：**向对方征求建议和想法，并且是真心实意的。**你不仅会得到一些好的建议来帮助自己解决问题，而且你也会赞美别人。

如果你想要的只是确信自己是对的，那就不要寻求建议。如果你想要的只是同情，也不要征求建议。如果你这样做了，不仅无法解决你的问题，还会让自己成为一个令人讨厌的人。

人际关系TIPS

1. 如果你想让别人帮助你，并且全力以赴，你必须不仅征用他们的体力，而且要征求他们的想法。
2. 让别人觉得你的问题就是他的问题。
3. 使用“多重管理”的原则，让团队中的每个成员在团队如何运作方面都有发言权。
4. 当你想让某人帮忙时，让他成为你团队的一员。不要只是说：“为我说几句好话怎么样？”而是说：“如果你站在我的立场，你会怎么做？”
5. 建立自己的智囊团，利用他人的想法、意见和建议。
6. 当你寻求建议时，一定要确定你真的想要得到建议。如果你想要的只是同情或鼓励，那就不要寻求别人的建议。

附带一个建议：在你的家里或办公室里应用这6条法则，坚持一周，并记录你取得的成果。

Chap.12
如何在人际关系中运用神奇力量

你相信奇迹吗？如果不相信，你可能会感到惊讶：今天许多医生和科学家都相信奇迹，即使他们不能理解这些奇迹。

宾夕法尼亚大学生理学教授约翰·布罗贝克（John R. Brobeck）最近在英国和加拿大医学会宣读了一篇关于奇迹和科学的论文。文章主要说，当今科学无法理解奇迹的一个原因是：产生奇迹的能量来源是什么？

著名科学家亚历克西斯·卡雷尔（Alexis Carrel）博士也写了一篇关于奇迹的科学论文，并评论了这样一个事实：平常自然的疗愈过程，似乎通过某种突然而巨大的能量得到了极大的加速，而这些能量是自然科学所不了解的。卡雷尔博士相信这种能量是一种精神力量。

赞美如何释放能量

一直以来，许多人都相信赞美具有某种创造奇迹的力量。基督教联合学校的创始人之一查尔斯·菲尔莫尔（Charles Fillmore）写道："赞美、感激或感恩的话语，能够扩大、释放并以各种方式辐射能量……赞美，可以把虚弱的身体变得强壮，让恐惧的心灵变得平和、充满信任，把神经兮兮变成镇静、拥有力量，让破产的企业走向成功和繁荣，让匮乏和不足变成丰盈和富裕。"

你有没有注意到，在圣经中，赞美、感恩经常与奇迹联系在一起？在以利沙（Elisha）让寡妇的油瓶变得"取之不尽"之前，他拿着油瓶向上帝感谢并祝福。同样，耶稣拿着饼和鱼向上帝祝福感恩，然后这些饼和鱼才变得"用之不竭"。

菲尔莫尔说："我们赞美什么，就会让什么成倍地增加，这是一种内在的心理规律。宇宙万物都会回应赞美并感到快乐。当孩子们受到表扬时，他们会变得兴高采烈。即使是植物，也会因为有人爱它而生长得更好。"

赞美是如何释放能量的，似乎没有人知道。但这一事实确实是大家有目共睹的。你有没有注意过，当你出色地完成了某项工作，别人对你表示真诚的赞美或感谢时，你的精神会为之一振，似乎被打了一针兴奋剂？

我认识一位高贵的老妇人，每当有人称赞她看起来很漂亮，她都会说："谢谢你，我可以靠它再活一年。"她说得并没有错，因为赞美确实会给予我们新的能量和新的生命。

你从赞美中得到的鼓舞并不是幻觉。在某种程度上，一种科学还不了解但实际存在的物理能量被释放了出来。

新泽西州瓦恩兰培训学校的心理学家亨利·戈达德（Henry H. Goddard），曾使用一种他称之为"测力器"的仪器来测量人的疲劳程度。当疲惫的孩子们得到一句赞美或表扬的话时，测力器显示出一种迅速上升的新能量。当这些孩子们受到批评和指责时，测力器显示他们的体能突然下降。因此，虽然科学还不能解释赞美的力量，但是可以把它测量出来。

如何在人际关系中运用赞美

这个时候，你很可能会说："好吧，赞美以一种科学无法理解的神奇方式释放能量并帮助别人，这当然很有趣，但这与人际交往有什么关系呢？"

答案是："有很大关系。"

你是否还记得我们的座右铭——"LSMFT"（低自尊意味着摩擦和麻烦）？

这里有一个堪称神奇的方法，可以克服摩擦和麻烦，那就是给对方的自尊打上一针“增补剂”。

几年前，俄亥俄州扬斯敦市麦凯尔维公司总裁查尔斯·尼科尔斯（Charles G. Nichols）和我聊天，他谈到一个事实：那些脾气暴躁、难以相处的人，通常因缺乏自尊而遭受折磨。

我说：“如果有人能发明一种治疗人类精神的灵丹妙药——一种可以随身携带的‘自尊增补剂’，那不是一件很奇妙的事情吗？每当你遇到一个沮丧、愤怒或者跟你过不去的人，就可以从你的瓶子里拿一剂药给他。吃了药，他就会更加看重自己——他的自尊会振奋起来——很快他就会变得友好和合作。”

他告诉我：“确实有这样一种‘增补剂’，相信我，它的效果和任何灵丹妙药一样令人惊叹。这种神奇的药就是赞美——真心称赞对方，让他知道自己的努力是值得被人欣赏的。”

找出人们最想要的东西

我们还要记住本书中的另一条公理：**找出人们真正想要的东西，然后给他们。**

尼科尔斯在向我讲述赞美在商界所起的作用时，谈到了美国干货零售协会（他是该协会的前任主席）进行的一项全国性调查。调查要求数千名员工和老板根据自己的判断，列出他们认为对员工而言最重要的几项因素。“因工作而得到称赞”是员工们自己排在第一位的项目，而老板们把这个项目列在第七位。

显然，我们当中很少有人认识到，对于一个员工来说，称赞他所做的工作，对他完成的出色工作给予承认和赞美是多么重要。

无论在哪里，无论是家里、学校、办公室还是工厂，人们都渴望得到赞美和欣赏。当我们给予他们所渴望的东西时，他们就更有可能慷慨地提供我们想从他们身上得到的东西，无论是他们的技能、体力劳动、想法、协作，还是别的什么。

如何每天创造一个小奇迹

生命本身就是真正的奇迹。每次你给别人增添更多的活力，就像人们常说的“加油、鼓劲”，你就是在创造一个小小的奇迹。每次你给别人更多的精神激励，给他注入更多的“生命能量”，你就是在创造一个小小的奇迹。很简单，你所要做的就是养成一种每天给别人真诚的赞美的习惯。

在你的妻子（或丈夫）、孩子、老板、客户或员工身上尝试一下，你可以看到对方会立即振作起来，你也可以看到对方是如何自然而然地变得更加友好和合作。

你还可以看到，这些小奇迹在实际生活中是如何让别人做得更好的。还记得心理学家亨利·戈达德博士的科学实验吗？他测量出学生们在受到表扬时体能会显著增加。下面的事实也得到了证明：赞美实际上能使学生取得更好的成绩。当学生们在考试前被告知，“你在这次考试中不会有什么麻烦，这完全在你的能力和智力范围之内”，相比在考试前能力和智力受到打击，赞美会使他们取得更好的成绩。赞美他们的能力，似乎就能提高他们的能力。

美国的企业界也已证明：真诚地赞美，在应该表扬的地方给予表扬，不仅会让员工感觉更好，而且实际上会带来更高的产量。仅仅把金钱作为老板的礼物分发给员工，这种奖金制度必然会失败。但是，如果奖金和利润分享是基于业绩的，并且作为确认一个人对公司的价值的手段，那么产量无疑会激增。还记得克利夫兰市林肯电气公司工人们的故事吗？他们的产量是同类工厂工人的12倍。詹姆斯·林肯（James F. Lincoln）说，一个重要的原因就是，工人们的工作得到了承认和赞扬。

慷慨地说出赞美之词

不要等到别人做了什么大事或不同寻常的事，才去赞美他。慷慨地赞美自己身边的人吧！

如果你早上喝的咖啡不错，请告诉你的妻子。你不仅能让她精神振奋，而且她很可能明天早上会把咖啡煮得更好。

如果你的速记员很快就整理好了你的文件，比你的预期更快，那么请表扬他。

如果有人帮了你一个小忙，那么请表达你的感激之情。

寻找你能感谢别人的事情。每当你真心实意地说“谢谢”时，你都是在赞美别人——称赞他做了你欣赏的事情。

说一些亲切友善的话，让别人知道你的感受。不要想当然地认为别人知道你欣赏他们，请亲口告诉他们。当你让别人知道你感激他们所做的事，这会让他们想为你做更多的事情。

说“谢谢”的6条法则

“谢谢”这两个字，如果使用得当，可以在人际关系中发挥神奇的力量。在说“谢谢”时，请记住下面这6条经过检验和证明的法则。

1. 感谢应该是真诚的

说“谢谢”就得真心实意地说，要带着情感和活力。不要让它听起来像是例行公事，而是要“特别一点”。

2. 大声说出来

说“谢谢”就得大声地说出来。让别人知道你想感谢他，不要感到羞愧。

3. 点名道谢

说出被感谢的人的名字，让你的感谢落实到每个人。如果一群人中有几个人需要感谢，不要只说“谢谢大家”，而要说出他们的名字。

4. 看着你所感谢的人

如果某人值得被感谢，就值得被注视和关注。

5. 让感谢成为一种习惯

有意识地、刻意地开始寻找你可以感谢别人的事情，不要等到这些事情发生在你的面前。有意识地去做，直到它成为一种习惯。“感谢”似乎并不是人类本性的一种自然特征。耶稣治好了10个麻风病人，只有一个人感谢他。我们必须勤加练习，让感谢成为一种习惯。

6. 在别人意想不到时说“谢谢”

当别人没有预料到，没有觉得他应该得到感谢时，说一句“谢谢”会更有力量。回想一下，当你从来没有想过会有一声道谢，却从别人那里得到一句善意的“谢谢”时，那是一种什么感觉。

不久前，在堪萨斯城的大街上，一个小男孩向我走来，要我买一支铅笔。我摇了摇头，然后他的做法让我大吃一惊，他说（好像他真的是这么想的）：“好的，无论如何，非常感谢你，先生。”当然，我立刻从口袋里掏出5分钱，买了一支铅笔。我看到他沿街走着，到街区尽头之前就卖出了半打铅笔。

提升幸福感的一条准则

如果你仍然怀疑赞美和感谢具有某种神奇的力量，请让我问你一个问题。如果我告诉你一个人拥有某些财产，并解释说他捐赠得越多，剩下的也会越多……你会认为这是个奇迹吗？

当你开始通过赞美和感谢来给予别人快乐和幸福时，就会发生这种情况。你给予别人的快乐越多，你自己留下的就越多。

再次强调，虽然科学无法解释，但心理学家和精神病学家知道这是真的。

爱默生说："衡量心理健康的标准就是有一个处处发现美好的性格。"

如果你想增加自己内心的平静和个人的幸福，没有什么比开始在别人身上寻找你可以赞美的优点更有效的方法了。开始寻找生活中值得你真正感激的美好事物吧。

在许多报纸上，我们都可以看到乔治·克兰（George W. Crane）博士的趣味专栏"解忧诊所"（The Worry Clinic）。克兰博士向成千上万的人披露，人们如何通过加入他所谓的"赞美俱乐部"来寻找快乐。

这个俱乐部没有工作人员和办公室，也没有正式的会议。会员们只是需要每天给别人三次真诚的赞美。他们不是等到别人做了杰出的事情，或者直到他们遇到了某个完美的人，才去表达赞美，而是主动去寻找别人身上可以赞美的优点。

这种主动在别人身上寻找优点的做法，对我们自己也会产生神奇的影响。它把我们的注意力从自己身上移开，让我们不那么害羞，不那么自以为是，更加宽容和理解别人。克兰博士说，这个简单的方法确实创造了奇迹，治愈了广大读者的各种担忧、恐惧和抑郁。

几年前，一些心理学家聚在一起，讨论能否想出一条简单的准则，帮助人们拥有更平和的心态，过上更快乐的生活。结果，他们提出了一条被称作“SFF”的准则，这条准则被认为能创造奇迹。这三个字母的意思是“停止寻找错误”（Stop Finding Fault）。

这些心理学家发现，几乎所有神经质、不快乐的人都有一个明显的特点，那就是他们过于吹毛求疵。他们故意找一些事情来挑毛病。然而，当他们改变了态度，开始在周围的人身上寻找优点，在所处的环境中寻找美好事物时，他们自己的幸福感就会大大增加。

人无完人，每个人都有缺点，也都有优点。试着做个实验：如果有人让你不高兴，那就开始寻找你可以赞美他的地方。即使他气势汹汹地对你说话，但或许他有一口漂亮的牙齿。如果是这样的话，请赞美他的牙齿，并继续寻找你可以赞美他的地方。这样一来，不仅会让他的态度有所好转，而且你会发现自己对他的看法也在改变。

赞美的两条法则

1. 必须真诚

虚伪的奉承很容易被识破，对己对人都毫无益处。请记住，只要你去寻找，总有值得赞美的小事。为一件小事真心实意地赞美一个人，要比挑出一件大事来阿谀奉承好得多。

例如，对一个女人说“你有一双我见过的最漂亮的手”，真心实意地说每一个字，要比对她说“你是世界上最漂亮的女人”好得多。

2. 赞美别人的行为或特质，而不是他这个人

赞美一个人所做的事情，而不是赞美他这个人。赞美他所拥有的东西，而不是赞美这个人本身。

正确：史密斯小姐，你最近打字打得非常好。

错误：史密斯小姐，你真是个好员工。

正确：琼斯，你上周的销售额在全区领先。

错误：琼斯，你是我们这儿最好的推销员。

正确：你的头发真漂亮。

错误：你真是个美人儿。

正确：您这座房子真的好漂亮。

错误：您一定是个大人物，才能过上这样的生活。

当你赞扬别人的行为或特质时，你的赞美是特别的，听起来更真诚。而且，如果别人知道他为什么被赞美，往往会产生最好的效果。赞美别人的行为而不是他这个人，也避免了被人指责偏袒或带有偏见。这样还可以避免某些尴尬的局面。

如果你径直走上去对一个人说：“你是一个很棒的人。”大多数人都会感到不自在，或者至少感觉你并非真心实意。

但如果你赞美他做过的某些事情，他就会感觉舒服很多。

赞美一个人的行为，可以激励他去做更多同样的事情。记住，无论赞美的是什么，它都倾向于成倍地增长。赞美一个人所做的工作，他就会做更多这样的工作。赞美一个人的行为，他的行为就会进一步改善。

但是，仅仅赞美他是一个很棒的人，只会让他变得自大和自负。许多母亲不停地告诉她的孩子，“你是世界上最了不起的人”，从而毁掉了孩子的一生。事实上，大多数人对赞美和表扬如此吝啬的原因之一，就是害怕这会让一个人变得自负。

赞美一个人的行为和特质会增加他的自尊，这与自负和自大相去甚远。仅仅赞美一个人有多棒，则很有可能使他变得自负。

人际关系TIPS

1. 真诚的赞美可以奇迹般地释放一个人的能量，不仅可以振奋他的精神，还可以“激活”他的身体。
2. 一个灰心丧气、做事马虎或者难以相处的人，很可能遭受着低自尊的折磨。赞美可以作为一种灵丹妙药，给他的自尊打上一针“增补剂”，让他的行为变得积极。
3. 真诚赞美别人所做的事情。对他们说“谢谢”，表达你对他们所做之事的感激。
4. 慷慨大方地赞美别人。感恩并不是一件稀松平常的事，通过慷慨地感谢别人，你自己也会变得与众不同。
5. 每天对别人做三次真诚的赞美，可以增加你自己的快乐，使内心更加平静。

Chap.13
如何在不冒犯的情况下批评别人

绝大多数时候，当我们对另一个人说“我告诉你这些都是为了你好”，实际上我们并不是这样想的。我们告诉他这些，是想通过指出他的某些缺点，来提高我们自己的自尊。

人际关系中最常见的失败之一，就是我们试图通过贬低别人的自尊（有时是无意识的），来提高自己的自尊。吹毛求疵，抱怨诉苦，贬低别人，背后中伤，这些都是自卑的表现。

正如约翰·墨菲在《生活》杂志上发表的一篇文章中所说：“贬低别人的人必然是卑微之人。”

然而，成功的领导者必须能指出错误，并纠正他身边的人。批评确实是一门艺术，也是大多数自诩为领导者的人都会跌倒的地方。

从新的角度来看待批评

因为批评的艺术很少为人所知，而且99% 的人都不擅长批评，所以“批评”这个词给我们留下了不好的印象。当我们想到这个词的时候，我们想到的都是那些严厉批评别人的人。我们很容易想到有人冲我们大吼，羞辱我们，击倒我们。

然而，批评的真正目的不是要把另一个人打倒，而是要让他振作起来；不是要伤害他的感情，而是帮助他做得更好。

不久前，我与美国航空公司副总裁沃尔特·约翰逊（Walter Johnson）讨论了有效批评的7条法则（很快就会告诉你）。我们讨论了批评的必要性，以及它如何才能真正对我们有帮助。

他说：“你知道，让飞行员安全着陆是有效批评的一个典型例子。通常，飞行员必须受到塔台指挥员的批评或纠正。如果他偏离了航线，塔台指挥员会毫不犹豫地告诉他。如果他飞得太低了，他就会被提醒。如果他飞得过高，他会被纠正。然而，我从来没有听说过飞行员会被这种批评激怒，我从来没有听过一个人说：‘啊，他总是对我的飞行吹毛求疵。为什么他就不能说些好话呢？’”

如何让别人“航向”正确

下次当你必须让某人“航向”正确时，请记住塔台指挥员是如何纠正飞行员的。请记住，他们的批评不是为了自我的满足，而是为了让飞行员和航班顺利完成任务。塔台里的人没有进行人身攻击，也没有谩骂别人。他的批评不是在大庭广众之下进行的，而是在对飞行员的耳机里说的。他批评的是飞行动作，而不是飞行员本人。

他没有说：“好吧，这真是一种愚蠢的着陆方式。”他只是说：“你现在飞得太低了。”

飞行员被要求去做那些事，不是为了取悦上级，他自己也情愿去接受批评，而且他从中受益了 —— 让飞机安全着陆。他没有感到被冒犯，相反，他实际上很感激。他更有可能请塔台指挥员吃牛排大餐，而不是咒骂他。

而真正重要的是，飞行员和他的上级都顺利地完成了这次航行任务。批评取得了成效。

如果所有的批评都本着同样的态度，以同样的方式进行，那么就能取得同样良好的效果。以下是让批评有效的7个必备条件。

让批评有效的 7 个必备条件

1. 批评必须在私底下进行

如果想让你的批评起作用，你就不能跟别人的自我针锋相对。记住，你的目标是取得一些好结果，让他回到正确的“航向”，而不是打击他的自尊。即使你的动机是高尚的，即使你批评别人的态度是正确的，但请记住，他的感受才是最重要的。在众人面前哪怕做出最温和的批评，都有可能引起对方的怨恨。不管你的批评是否合理，他都觉得自己在同事和朋友面前丢了面子。

你是否遵守这条法则，也很好地表明了你批评的真正动机。有他人在场的时候，你会批评员工吗？在客人面前，你会纠正丈夫的餐桌礼仪吗？如果是这样，很有可能你批评的真正目的不是帮助别人，而是通过羞辱别人而获得自我满足。批评孩子也要注意，尽可能不要当着小伙伴的面纠正孩子的错误，也不要当着别人的面对他说教。

2. 批评之前先说一句赞美的话

表扬和赞美，都能起到营造友好氛围的作用。这会让对方认识到，你并没有攻击他的自我，同时能让他更放松。一个被训斥的人的自然反应，就是捍卫他的自尊。一个带着这种防御心理的人，当然不会接受你的意见。

美国通用食品公司创始人之一克拉伦斯·弗朗西斯（Clarence Francis）说："通过赞美一个人，你可以激发出他最好的一面，当需要批评他的时候，他会更好地理解你。"

表扬和赞美可以让别人敞开心扉，更容易接受你的想法。在批评之前，我们可以这样说：

"比尔，你提交的报告非常棒。你确实涵盖了所有重要的因素，但有一件事……"

"玛丽，自从你加入我们公司以来，你的工作非常出色。我们很欣赏你一直以来的努力。但这里有一个更好的想法，我知道你一定也会欣赏的……"

"乔，你过去一直配合得非常好。这次有什么原因……"

"约翰，这些年来你一直是个好邻居。但你知道……"

"从过去的经验中，我知道你一直在不断地改进自己的工作。但我想起一件事……"

3. 批评行为，而不是批评人

再次强调，批评别人的行为，而不是批评他这个人，这样就可以避免伤害他的自尊。毕竟，你感兴趣的是他的行为。把你的批评指向他的行为，实际上你是在赞美他，同时提高了他的自尊。在批评时，我们可以这样说：

"约翰，根据以往的经验，我知道，这个错误不是你平常的水准。”

“乔治，我之所以提起这件事，是因为我知道你可以做得更好。这没有达到你通常的高标准。”

这样一来，你在指出别人错误的同时，实际上也在帮助他成长。你没有告诉他“你不行”，实际上你是在说：“我认为你比这种表现所显示的要好得多。”

你让他知道，你认为他比这次犯错时更优秀，你期望他做得更好。这本身就是一股强大的动力，促使他不辜负你的期望。

正确：这个单词拼错了。

错误：琼斯小姐，你是个糟糕的打字员。

正确：最好再检查一下这些数字。

错误：这些错误愚蠢至极。

正确：强尼，你必须努力学习，提高成绩。

错误：你为什么这么笨？

在某些情况下，指出与一个人有关的事情，而不指出这个人的行为，是更具策略性的。例如：

“弗雷德，不知怎么搞的，这份周报没有被送到会计室去（弗雷德有责任把它送过去）。你知道发生了什么事吗？”这种说法肯定比下面这样说更好：“弗雷德，你没有及时把周报送到会计室。”

4. 提供关于正确做法的建议

当你告诉别人哪里做错了，也要告诉他怎么才能做对。重点不应该放在错误上，而应该关注如何纠正错误，避免重蹈覆辙。

工人们最大的抱怨之一就是:“我不知道老板对我的期望是什么。我做的任何事似乎都不能取悦老板，但我永远也不知道他想要什么。”

无论是办公室、工厂还是家里，没有什么能比含糊不清的期待而导致的普遍不满更能降低士气了。如果你告诉别人什么是“正确的”，大多数人都会急于去“做正确的事”。

正如一位员工对我说的:“老板总是挑我的毛病，批评我的工作。我只知道我的做法是‘错误的’，但他从来没有告诉我什么是‘正确的’。我根本没有可以瞄准的目标。这就像在黑暗中打靶，但不知道靶心在哪儿。我只知道，不管我的目标是什么，我似乎总是会错过。”

5. 请求而不是要求

请求总是比要求能带来更多的合作。与其说“再做一遍，看在上帝的份上，这次一定要把它做对”，不如说“你愿意改正这些吗”，后者引起的怨恨要少得多。

当你要求别人的时候，你在把他当作奴隶，把自己当作奴隶主。当你请求别人的时候，你是把他当作团队中的一员。记住，这种参与的感觉，比起强迫别人能得到更好的合作。

你可以说：“我是老板，我这样说了，你就要这样做。”你也可以说：“这是我们所追求的目标，你这样做可以帮助我们实现目标。”这两种批评的方式所产生的效果有很大的不同。

如果你给别人一个有利于他的激励，让他去改变自己的行为，而不是仅仅下一个命令，你会获得更大的成功。

人们普遍承认，俄亥俄州代顿市的国家收银机公司拥有全美国最优秀的销售团队之一。这家公司的销售培训总监拉尔夫·内格里（Ralph Negri）告诉我，让销售人员保持良好状态的秘诀，不是向他们宣扬公司想要什么，而是给他们一个激励，让他们想要销售得更好。

拉尔夫从来不说：“如果你想在这里工作，你必须四处奔波，辛苦工作。”相反，他更有可能说这样的话：“如果你出去多拜访几个人，你的收入就会大大增加。”

6. 一个错误只批评一次

一个错误只需要批评一次，两次完全没有必要，三次就是唠叨。记住你批评别人的目的：是为了完成一项工作，而不是赢得自尊的战争。

当你忍不住想要翻旧账，重提过去的错误时，请记住塔台指挥员批评飞行员，让他安全着陆的方法。他告诉飞行员现在做错了什么，一旦这个错误得到了纠正，它就会被遗忘。塔台指挥员没有因为飞行员做过一个糟糕的动作而抓住他不放。

如果你一直抓住过去的错误不放，并且唠唠叨叨地说个没完，那你同样也在犯愚蠢的错误。

老板并不是唯一会犯这个错误的人。丈夫或妻子也经常会“旧事重提”，把过去的错误挖出来，而这些错误本该被埋葬的。父母们在教育孩子时，也经常会把过去的错误重说一遍。这样做永远不会帮助别人做得更好，事实上更有可能产生相反的效果。

7. 以友好的方式结束谈话

当一个问题以友好的方式得到解决，它才算真正结束了。不要让问题悬而未决，留待以后再处理。把问题彻底解决，结束它、埋葬它。

谈话结束的时候，对别人表示鼓励。让他想起这次交谈时感到的是鼓励，而不是责备。

正确：我知道我可以指望你。（微笑）

错误：既然有人告诉你了，就不要让这种事再发生了。

正确：我知道你会掌握诀窍的，请继续努力。

错误：你最好马上改进，要不然就别干了。

人际关系TIPS

请记住，要想让批评变得有效，其目的必须是为你自己和被批评的人实现一些有价值的目标。不要仅仅为了提高你的自尊而批评别人。当你必须纠正别人时，一定不要伤及他的自我。

记住这7条准则并开始付诸实践：

1. 批评必须在私底下进行。
2. 批评之前先说一句赞美的话。
3. 批评行为，而不是批评人。
4. 提供关于正确做法的建议。
5. 请求而不是要求。
6. 一个错误只批评一次。
7. 以友好的方式结束谈话。

PART 6
你的职场全科人际指南

Chap.14
一份通向成功与幸福的行动计划

今天，大多数成功的企业都有积极的人际关系计划——不仅仅是图书馆里有几本人际关系方面的书籍，还有积极的、动态的方案。他们设定某些能够达到的现实目标，并制订明确的计划，然后开始努力地实现这些目标。

在最后一章中，让我们一起制订一份个人的“人际关系计划”吧。不要敷衍了事说：“好吧，我会试着记住这本书里的建议，看看我是否能与人相处得更好。”让我们设定一些真正要达到的目标，并开始朝着它们努力。

现在，你是否能从这本书中得到点什么，就看你自己了。本书已经为你提供了经过检测的方法，这些方法在成千上万的案例中得到过证明；也已经告知了你关于人性的知识，这些知识一次又一次地被证明是有用的。但是，关于人际关系的知识，只是你的成功和幸福公式中的一个部分。这个公式应该是这样的：

知识 + 应用 = 成功

所以，你必须将其投入应用。

积极的态度会带来成功

首先，在很大程度上，成功取决于你的动机——你为什么想与他人更好地相处。如果你只是将本书中的技巧用于避免麻烦或摩擦，那么你是从消极的角度看待人际关系的。你不仅把烦恼和摩擦作为自己心头的大山，而且对自己强调与人相处有多么难。同样重要的是，这种消极的态度会带走你改善人际关系的所有热情和冲动。

你不可能对一个消极的计划怀有很大热情。如果你觉得人际交往只是让你控制自己的欲望和自我，以至于不让别人反对你，或者你认为与人相处就是向每个人屈服，让别人随心所欲，那么，你当然不可能全心全意投入其中。

实际上，人际交往可以给你带来成功和幸福。你应该把它当作一种你要学习的技能，而且还是一种回报率极高的技能。你可以期待通过改善人际关系，来获得真正的满足感和成就感。这种积极的态度会激励你达到目标。

写下你的目标

我们之所以不能靠读书取得更多进步，原因之一就是，我们从来没有直接进入“正题”，甚至没有考虑过我们读到的技巧和方法，应该如何应用于生活中的具体情境。

除非你根据自己的经验和问题来思考，否则这本书中包含的知识对你并没有什么用。写下你的问题和目标，被认为是迄今为止发现的最好的方法之一。这样可以让它们铭刻在你的脑海中，帮助你改变自己的行为。

所以，不要让你从这本书中学到的知识蒸发掉。写下你的目标，并开始为它做点什么，巩固你所学的知识。

我不知道你的问题或目标可能是什么。然而我知道，大多数人都希望改善生活中至少三个方面的人际关系：工作、家庭、社交。

我们说过，如果邀请一个人参与，他会变得更热情，更愿意合作，以达到某个目标。所以在此，我想邀请你加入这本书的写作。我写这本书的目的，是帮助你改善自己的人际关系，但是我也需要你的帮助。我无法替你写下你的目标，即使可以，我也无法告诉你怎么实现它们。那么请帮我一把，在接下来几页的空白处填写你的问题和目标。

我的职场人际关系计划

我最主要的问题是： ______________________

____

____

这本书中对这个问题有所帮助的信息出现在哪些页码：__________

____

____

我将立即付诸实践的明确步骤是：

1. ______________________________
2. ______________________________
3. ______________________________
4. ______________________________
5. ______________________________
6. ______________________________

检查日期（一周后）：

评估已取得的进展：

[ ] 满意，继续保持

[ ] 不满意，改变方法

鉴于过去一周取得的成果，现在，我觉得应该做以下几件事：

1. __________

2. __________

3. __________

4. __________

5. __________

6. __________

我的其他问题有：

1. __________

2. __________

3. __________

4. __________

5. __________

6. __________

这本书中对这些问题有所帮助的信息出现在哪些页码：__________

____

____

____

我将立即付诸实践的明确步骤是:

1. ______________________________

2. ______________________________

3. ______________________________

4. ______________________________

5. ______________________________

6. ______________________________

检查日期(一周后):

评估已取得的进展:

[ ] 满意，继续保持

[ ] 不满意，改变方法

鉴于过去一周取得的成果，现在，我觉得应该做以下几件事:

1. ______________________________

2. ______________________________

3. ______________________________

4. ______________________________

5. ______________________________

6. ______________________________

你的自我完善计划

本杰明·富兰克林在他的自传中谈到，多年来，他努力提升自己，摆脱某些习惯，但都没有成功。后来有一天，他坐下来，把自己的缺点列了一个清单，比如脾气暴躁、缺乏耐心、不为他人着想等，然后他挑出了自己的“头号问题”。富兰克林没有致力于去提升自己，而是努力克服自己最大的缺点。他承认自己的一个又一个缺点，然后一个又一个地加以改正。最终的结果是，在大约一年的时间里，他克服了许多阻碍自己前进的坏习惯。

现在，我不知道你的缺点是什么。即使我知道，也没法给你指出来。但是，人总会有一些“坏习惯”。当我使用“坏习惯”这个词时，并不是指道德意义上的。我的工作不是让你变成“好人”。我之所以说“坏习惯”，是因为它们与你真正想要获取的东西背道而驰，这些“坏习惯”会阻碍你从生活中获得你想要的东西。

我建议你摆脱这些习惯，不是出于伦理或道德上的原因，而是因为它们就像绊脚石一样，阻碍了你在生活中前进。摆脱它们，你会发现自己更容易走向成功和幸福。

自我分析检查表

☑是 ☒否

1. 我是否对人性太挑剔，期望别人总是完全无私，并期望他们给我所想要的东西？ ☐
2. 我是否宽容别人，并倾向于认为别人是无辜的？ ☐
3. 我是否愿意给别人他想要的东西,来换取我想要的东西？ ☐
4. 每个人都想提高自己的自尊。我是否通过正当的成就来满足自己的自尊，抑或是通过贬低别人来满足自己的自尊？ ☐
5. 我是否真的对别人和他的问题感兴趣？ ☐
6. 我是否足够关注别人？ ☐
7. 我是否平等地看待别人，或是自以为是、居高临下？ ☐
8. 我是否努力帮助别人更喜欢他自己，抑或是让他泄气？ ☐
9. 我是否尊重别人的人格和个性？ ☐
10. 我是否尊重别人并让他们觉得自己很重要？ ☐
11. 我是否认为别人很友好，并且主动和他们交谈？ ☐
12. 我是否足够注意外表？鞋子是否干净、锃亮？头发是否打理过？衣服熨得是否整齐？指甲是否干净？ ☐
13. 我是否表现出希望别人对我表现出的态度？ ☐
14. 我是不是一个健谈的人，一个容易相处的人？ ☐
15. 我是否认真倾听别人的意见？ ☐
16. 我是否善于把自己的想法传达给别人？ ☐

17. 我是否能成功地让别人与我合作？ ☐

18. 当我请求别人帮助时，我是否允许他们参与进来？如果他们参与进来了，我是否会与他们分享收益？ ☐

19. 我是否充分利用了那些和我一起工作的人的才华，既利用了他们的体力，又利用了他们的脑力？ ☐

20. 我是否知道如何使用赞美的神奇力量？ ☐

21. 我是否总是赞美别人所做的事情？ ☐

22. 我是否很久没有通过说“谢谢”来表达感激之情了？ ☐

23. 我是否能够在不让别人生气或不伤害他们情感的情况下做出批评？ ☐

24. 我在和别人交往时是否真诚？ ☐

25. 我在和别人交往时是不是没有什么耐心？ ☐

26. 我是否总能给别人一些激励，让他愿意去做我想让他做的事或者帮我的忙？ ☐

27. 我是否容易产生不满和抱怨？ ☐

28. 我的脾气是否让我在人际交往中容易遇到麻烦？ ☐

29. 我是否会为了掩饰自己的恐惧而自吹自擂，或者摆出大人物的样子？ ☐

30. 我是否因傲慢或势利而感到内疚？ ☐

以上所列的问题中，我需要立即加以改进的是：________________

____

其他需要改进的问题有：

1. ____

2. ____

3. ____

4. ____

5. ____

本书中有助于我改进这些问题的参考资料出现在哪些页码：______

____

我要改进的第一个问题是：________________

____

为了改进这个问题，我打算采取的明确步骤是：

1. ____

2. ____

3. ____

4. ____

5. ____

由你将这本书写完

当我开始写这本书的时候，我的心里只有一个目标——帮助你，帮助每一位读者改善自己的人际关系，从而获得更多的快乐和成功。在我看来，只有达到了这个目的，这本书才算完成。

所以，我再一次需要你的帮助，因为只有你自己才能完成这本书。当你制订了自己的人际关系计划，将其投入实践，证明其有效，并在这一页的底部写上“任务完成”时，这本书才算大功告成。

我恳求你，作为对我个人的帮助：不要让这本书不了了之。没有人喜欢做一个失败者，除非你在生活中去运用这些准则，否则本书就会以失败告终。

把这本书放在书架上，它什么也做不了。把这些准则应用于你的日常生活，则可以给你带来它们曾为成千上万的人带来的东西——成功和幸福。

莱斯·吉卜林 | LES GIBLIN

美国营销、人际关系培训及演讲专家

1946年开始自己的销售职业生涯，1965年当选为美国“全国年度推销员”；1968年起开设以“沟通技巧”为主题的演讲课程，为通用电气、美林证券、强生公司等数百家企业提供培训与咨询

代表作有《沟通技巧》《与人交往的艺术》《成为社交通》等，先后在十余个国家和地区出版

自信而高效的沟通

产品经理：陈顺先　　书籍设计：董歆昱
产品监制：林　木　　　　　　　吴偲靓
技术编辑：顾逸飞　　出 品 人：吴　畏

图书在版编目（CIP）数据

自信而高效的沟通 / (美) 莱斯 · 吉卜林著；郑世彦译. -- 上海：上海科学技术文献出版社, 2021（2022.1重印）
ISBN 978-7-5439-8290-1

Ⅰ. ①自… Ⅱ. ①莱… ②郑… Ⅲ. ①人际关系学－通俗读物 Ⅳ. ①C912.11-49

中国版本图书馆CIP数据核字（2021）第051729号

图字：09-2021-0135

责任编辑：苏密娅
封面设计：董歆昱

自信而高效的沟通
ZIXIN ER GAOXIAO DE GOUTONG
［美］莱斯 · 吉卜林　著　郑世彦　译
出版发行：上海科学技术文献出版社
地　　址：上海市长乐路 746 号
邮政编码：200040
经　　销：全国新华书店
印　　刷：河北鹏润印刷有限公司
开　　本：880mm × 1230mm　1/32
印　　张：6.75
字　　数：120 千字
印　　数：10, 001－13, 000
版　　次：2021 年 5 月第 1 版　2022 年 1 月第 2 次印刷
书　　号：ISBN 978-7-5439-8290-1
定　　价：49.80 元
http://www.sstlp.com